Más allá de la democracia

por
Frank Karsten y Karel Beckman

Traducido del inglés por
Celia Cobo-Losey Rodríguez

Título original: *Beyond Democracy*

En cooperación con
el Instituto Mises Hispano

Más allá de la democracia

*Por qué la democracia no lleva a la solidaridad,
la prosperidad y la libertad, sino al conflicto social,
al gasto desenfrenado y al gobierno tiránico.*

www.mitosdemocraticos.com

IISBN-13: 978-1492734352
ISBN-10: 1492734357

Version: 1.0
Septiembre 2013

Acerca de los autores

Karel Beckman es escritor y periodista. Es jefe de redacción del medio *online Energy Post*. Anteriormente trabajó como periodista en el diario financiero holandés *Financieele Dagblad*. Su página web personal es www.charlieville.nl

Frank Karsten es fundador de Mises Instituut Nederland (mises.nl), una organización libertaria holandesa que trabaja para reducir los Impuestos y la intervención gubernamental. Aparece regularmente en público para hablar en contra de la creciente injerencia del Estado en la vida de los ciudadanos.

Traductor

Celia Cobo-Losey Rodríguez es confundadora y editora del Instituto Mises Hispano (http://www.miseshispano.org), sitio web de contenido austro-liberal inaugurado en noviembre de 2011. Cuenta con títulos en Derecho, Relaciones Internacionales y Ciencias Políticas por la Universidad Pontificia de Comillas (ICADE) de Madrid y con un máster en Economía de la Escuela Austriaca dirigido por el catedrático Jesús Huerta de Soto por la Universidad Rey Juan Carlos de la misma ciudad. Su correo electrónico es celiacobolosey@miseshispano.org.

Índice

Este libro está dedicado a la memoria de Ludwig von Mises y Murray Rothbard.

Para toda persona que esté involucrada en la lucha por la libertad es difícil encontrar mejores modelos a seguir que Mises y Rothbard. Ambos fueron gigantes intelectuales que no vacilaron en la búsqueda de la verdad. Su trabajo muestra de forma clara que la cooperación voluntaria entre las personas es la madre de toda riqueza, toda civilización y todas las sociedades morales. Ellos no solo desnudaron el poder político y lo mostraron como lo que es -una lenta maquinaria enemiga del progreso, creadora de pobreza, conflicto y guerra-, sino que también fueron héroes que continuaron su trabajo a pesar de la fuerte resistencia, a menudo en detrimento de sus propias carreras e incluso, en alguna ocasión, arriesgando su propia vida. Sus ideas y puntos de vista fueron inmerecidamente ignorados durante mucho tiempo. Hoy, esto empieza a cambiar a medida que gente de todo el mundo comienza a interesarse por las causas de los problemas económicos y sociales que vive y encuentra respuestas en las obras de estos autores. Tras las dificultades actuales pueden venir tiempos más libres. Sin duda, las obras de Mises y Rothbard son importantes para conducirnos hasta ahí.

Introducción
La democracia: el último tabú

«Si la democracia adolece hoy de defectos, estos solo pueden ser curados con más democracia». Esta vieja cita de un político americano muestra en pocas palabras cómo nuestro sistema político democrático es generalmente percibido. La gente está dispuesta a aceptar que la democracia pueda tener sus problemas –incluso puede estar de acuerdo con que muchas democracias parlamentarias occidentales, entre ellas la de Estados Unidos, puedan estar al borde del colapso–, pero no puede concebir una alternativa. La única cura que puede imaginar es, en efecto, más democracia.

Que nuestro sistema de democracia parlamentaria esté en crisis, pocos lo niegan. En todos los países democráticos hay ciudadanos insatisfechos y profundamente divididos. Los políticos se quejan de que los votantes se comporten como niños malcriados y los ciudadanos se quejan de que los políticos hagan oídos sordos a sus deseos. Los votantes se han vuelto notoriamente volubles. Con frecuencia cambian su lealtad de un partido político a otro. También se sienten cada vez más atraídos por partidos radicales y populistas. Por todas partes vemos que el panorama político se está fragmentando, haciendo cada vez más difícil superar las diferencias y formar gobiernos viables.

Los partidos políticos actuales no tienen una respuesta a estos desafíos. No son capaces de desarrollar alternativas reales. Se encuentran atrapados en rígidas estructuras de partido mientras sus ideales son secuestrados por grupos de intereses especiales y de presión. Prácticamente ningún gobierno democrático ha sido capaz de controlar su gasto. La mayoría de los países democráticos ha estado endeudándose, gastando y gravando tanto que ello ha dado lugar a una crisis financiera que, a su vez, ha llevado a varios países al borde de la quiebra. Y en las raras ocasiones en que las circunstancias fuerzan a los gobiernos a reducir su gasto, aunque solo sea temporalmente, el electorado se levanta en protesta contra lo

15

que considera un asalto a sus derechos, haciendo cualquier clase de recorte real imposible.

A pesar de sus impulsos derrochadores, casi todos los países democráticos sufren de tasas de desempleo permanentemente elevadas. Grandes grupos de personas permanecen marginadas. Prácticamente ningún país democrático ha realizado las provisiones adecuadas para sus envejecidas poblaciones.

Por lo general, las sociedades democráticas sufren de un exceso de burocracia y un afán regulador. Los tentáculos del Estado se introducen en cada una de las vidas de sus ciudadanos. Hay reglas y regulaciones para todo lo imaginable. Y cada problema es atendido a golpe de legislación en lugar de mediante verdaderas soluciones.

Al mismo tiempo, los gobiernos democráticos no realizan bien lo que mucha gente consideraría su

> *No es exagerado decir que la democracia se ha convertido en una religión, una religión moderna y secular.*

tarea más importante: mantener la ley y el orden. El crimen y el vandalismo andan a sus anchas. Tanto la policía como el sistema judicial se muestran incompetentes y a menudo francamente proclives a la corrupción. El comportamiento inocente es criminalizado. En términos porcentuales, Estados Unidos cuenta con el mayor número de personas en prisión del mundo. Muchas de estas personas se encuentran en la cárcel por conductas perfectamente inocuas, simplemente porque sus hábitos son considerados ofensivos por la mayoría.

La confianza de la gente en sus políticos democráticamente electos ha alcanzado los niveles más bajos de todos los tiempos de acuerdo con varios estudios. Existe una profunda desconfianza de los gobiernos, los líderes políticos, las élites y los organismos internacionales, que parecen haberse instalado por encima de la ley. Mucha gente se ha vuelto pesimista en relación al futuro. Teme que la situación de sus hijos sea peor que la suya. Teme la invasión de los inmigrantes, pues siente que su cultura está en peligro y que hace tiempo que perdió la batalla.

La fe democrática

A pesar de que la crisis de la democracia es ampliamente reconocida, rara vez se oye alguna crítica respecto al sistema democrático en sí. Casi nadie culpa a la democracia como tal de los problemas que estamos viviendo. Invariablemente, los líderes políticos –ya sean de izquierda, derecha o centro– prometen enfrentar nuestros problemas con más democracia, ni más ni menos. Prometen escuchar a la gente y poner el interés público por encima de los intereses privados. Prometen reducir la burocracia, ser más transparentes, ofrecer mejores servicios, hacer que el sistema vuelva a funcionar. Sin embargo, nunca ponen los supuestos beneficios del sistema democrático en tela de juicio. Antes de admitir su posible relación con la democracia argumentarán que nuestros problemas son causados por un exceso de libertad. La única diferencia entre progresistas y conservadores es que los primeros tienden a quejarse de la excesiva libertad económica y los segundos de la excesiva libertad social. ¡Esto ocurre irónicamente en el momento de la historia con las leyes más numerosas y los impuestos más altos de todos los tiempos!

De hecho, la crítica del ideal democrático es más o menos un tabú en las sociedades occidentales. Se nos permite criticar cómo se pone en práctica o castigar a los actuales partidos y dirigentes políticos, pero criticar el propio ideal democrático es algo que simplemente «no se debe hacer».

No es exagerado decir que la democracia se ha convertido en una religión, una religión moderna y secular. Se la podría llamar «el mayor culto de la tierra». Todos, a excepción de once países –Myanmar, Suazilandia, el Vaticano y algunas naciones árabes–, proclaman ser democracias, aunque lo sean solo de nombre. Esta creencia en el dios de la democracia se encuentra estrechamente ligada al culto del Estado democrático nacional que surgió en el transcurso del siglo XIX. Dios y la Iglesia fueron reemplazados por el Estado como si este fuera el Dios Padre de la sociedad. Las elecciones democráticas constituyen el ritual por el cual oramos al Estado por empleo, vivienda, sanidad, seguridad y educación. Tenemos fe absoluta en este Estado democrático. Creemos que él puede encargarse de todo. Él es el que juzga y premia, el que todo lo sabe, el que todo lo puede. Esperamos que él resuelva todos nuestros problemas personales y sociales.

La belleza del dios democrático es que él ofrece sus buenas obras de forma completamente desinteresada. Como dios, el Estado no tiene interés propio. Él es el guardián puro del interés público. Además, él no cuesta nada. Él reparte el pan, los peces y otros favores gratuitamente.

Al menos, eso es lo que le parece a la gente. La mayoría tiende a ver solo los beneficios de las provisiones gubernamentales, no sus costes. Una razón para ello es que el gobierno muchas veces recauda impuestos de forma muy indirecta, requiriendo a las empresas colectar impuestos sobre las ventas, por ejemplo, o exigiendo a los empleadores cobrar los impuestos de la seguridad social o pidiendo dinero prestado en los mercados financieros (que algún día deberá ser pagado por los contribuyentes) o inflando la oferta monetaria. De esta manera, la gente no se da cuenta de qué cantidad de sus ingresos es en realidad confiscada por el gobierno. Otra razón es que, mientras los resultados de las acciones gubernamentales son visibles y tangibles, todas aquellas cosas, que podrían haber sido llevadas a cabo y se hubieran realizado –si el gobierno no hubiera, desde un principio, confiscado las posesiones de la gente–, permanecen fuera del alcance de la vista.

Los aviones de combate que se fabrican están ahí para que todos los veamos, mientras que todas las cosas que no se hicieron, porque el dinero público se gastó en aviones de combate, permanecen invisibles.

La fe democrática se ha arraigado tan profundamente que, para la mayoría de la gente, es sinónimo de todo aquello que es (políticamente) correcto y moral. Democracia significa libertad (todos pueden votar), igualdad (todos los votos tienen el mismo valor), justicia (todos somos iguales), unidad (todos decidimos juntos), paz (las democracias nunca inician guerras injustas). En este modo de pensar, la única alternativa a la democracia es la dictadura. Y la dictadura, por supuesto, representa todo lo que es malo: falta de libertad, desigualdad, guerra e injusticia.

En su famoso ensayo de 1989, *El final de la Historia*, el pensador neoconservador Francis Fukuyama llegó a declarar que el sistema moderno de la democracia occidental es el clímax de la evolución política de la humanidad. O, como él mismo diría, hoy estamos presenciando «la universalización de la democracia liberal occidental como la forma final de gobierno humano». Es evidente que solo mentes despiadadas –terroristas, fundamentalistas o fascistas– se atreverían a criticar una noción tan sagrada.

Democracia = colectivismo

Sin embargo, esto es precisamente lo que haremos en este libro: manifestarnos contra el dios de la democracia, especialmente el de la democracia nacional parlamentaria. El modelo democrático de decisión es útil en algunos contextos, en pequeñas comunidades o dentro de asociaciones. No obstante, la democracia nacional parlamentaria, que casi todos los países occidentales tienen, cuenta con más inconvenientes que ventajas. La democracia parlamentaria, se argumenta, es injusta, conduce a la burocracia y el estancamiento, socava la libertad, la independencia y la empresa e, inevitablemente, termina en antagonismo, intromisión, letargo y sobre-gasto. Y no porque ciertos políticos fracasen en su trabajo –o porque el partido equivocado esté al mando–, sino porque así es como funciona el sistema.

El sello distintivo de la democracia es que «el pueblo» decide cómo debe organizarse la sociedad. En otras palabras, todos decidimos «juntos» sobre todo lo que nos concierne. Sobre cuán altos deben ser los impuestos, cuánto dinero debe gastarse en el cuidado de los niños y los ancianos, a qué edad debe permitirse a la gente consumir bebidas alcohólicas, cuánto deben pagar los empleadores por las pensiones de sus empleados, qué debemos poner en la etiqueta de un producto, qué deben aprender los niños en la escuela, cuánto dinero debe gastarse en ayuda al desarrollo, en energías renovables, en educación física o en orquestas, cómo debería el propietario de un bar llevar su bar y si a sus huéspedes se les debe permitir fumar o no, cómo debería construirse una casa, a qué altura deberían de fijarse los tipos de interés, cuánto dinero debe circular en la economía, si los bancos deberían ser rescatados con el dinero de los contribuyentes cuando amenazan con quebrar, a quién se le autoriza a llamarse a sí mismo médico, a quién se le permite crear un hospital, si a la gente se le deja morir cuando se cansa de vivir y si, o cuándo, debe la nación ir a la guerra. En una democracia, se espera que «el pueblo» decida sobre todas estas cuestiones y miles de otras más.

Así que, la democracia es, por definición, un sistema colectivista. La democracia es un socialismo por la puerta de atrás. La idea básica detrás de la misma es que es deseable y correcto que todas las decisiones importantes sobre la organización física, social y económica de la sociedad sean tomadas por el colectivo, el pueblo. Y el pueblo autoriza a sus representantes en el parlamento –en otras palabras, al Estado– a tomar estas decisiones por él. Es decir, en una democracia todo el tejido social está orientado hacia el Estado.

Puede entonces resultar engañoso afirmar que la democracia es, de alguna manera, el inevitable punto culminante de la evolución política de la humanidad. Aquello no es más que un ejemplo de propaganda que pretende enmascarar el hecho de que la democracia representa una orientación política muy específica, para la que, de hecho, existen un montón de alternativas razonables.

Una de esas alternativas se llama libertad. O liberalismo, en el sentido clásico de la palabra (que tiene un significado completamente diferente al usado

> *No es difícil ver que la libertad y la democracia no son lo mismo. Consideremos lo siguiente: ¿decidimos democráticamente cuánto dinero debería gastar cada uno en ropa o a qué supermercado debería ir?*

hoy en día en Estados Unidos). No es difícil ver que la libertad y la democracia no son lo mismo. Consideremos lo siguiente: ¿decidimos democráticamente cuánto dinero debería gastar cada uno en ropa o a qué supermercado debería ir? Es evidente que no. Cada quien lo decide por sí mismo. Y esta libertad de elección funciona bien. Entonces, ¿por qué funcionaría mejor si todas las otras cosas que nos afectan – desde nuestro lugar de trabajo, cuidado sanitario y pensión hasta nuestros clubes y pubs– fueran decididas democráticamente?

De hecho, ¿no podría ser que este mismo hecho –que decidamos todo democráticamente, que prácticamente todos los asuntos económicos y sociales se controlen a través del Estado– sea la causa subyacente de muchas de las cosas que están mal en nuestra sociedad? ¿Que la burocracia, la intervención gubernamental, el parasitismo, el crimen, la corrupción, el desempleo, la inflación, los bajos niveles educativos, etc., no se deban a la falta de democracia, sino más bien a su existencia? ¿Que vayan con la democracia del mismo modo que las tiendas vacías y los coches Trabant van con el comunismo?

Eso es lo que esperamos poder demostrar en este libro.

Este libro se divide en tres partes. En la primera, hablamos de nuestra fe en el dios de la democracia parlamentaria. Como cualquier otra religión, la democracia implica un sistema de creencias –dogmas que todos aceptan como verdades incontrovertibles–. Nosotros presentamos estos dogmas en la forma de trece mitos populares acerca de la democracia. En la segunda parte, describimos las consecuencias prácticas del sistema democrático. Tratamos de mostrar por qué la democracia lleva inevitablemente al estancamiento, al tiempo que intentamos apuntar a lo que la hace ineficiente e injusta. En la tercera sección planteamos una alternativa a la democracia, a saber, un sistema político basado en la autodeterminación del individuo, que se caracteriza por la descentralización, el gobierno local y la diversidad.

A pesar de nuestra crítica del actual sistema democrático-nacional, somos optimistas respecto al futuro. Una razón por la que mucha gente es pesimista es porque siente que el sistema actual no va a ninguna parte y, sin embargo, es incapaz de imaginar una alternativa atractiva. Se da cuenta de que el gobierno controla en gran medida su vida y es consciente de que no puede controlarlo a él. Las únicas alternativas que puede imaginar son formas de dictadura, tales como el «modelo chino» o alguna forma de nacionalismo o fundamentalismo.

Pero ahí es donde se equivocan. La democracia no significa libertad. Esta no es sino otra forma de dictadura –la dictadura de la mayoría y del Estado–. Ni siquiera es sinónimo de justicia, igualdad, solidaridad o paz.

La democracia es un sistema que fue introducido hace unos 150 años en la mayoría de los países occidentales. Entre otras razones, se hizo para alcanzar los ideales socialistas dentro de las sociedades liberales. Cualesquiera que fueran las razones en su momento, no existe ahora ninguna buena razón para mantener la democracia parlamentaria nacional. No funciona. Es hora de una nueva libertad. Ya es tiempo de que la productividad y la solidaridad no sean organizadas sobre la base de una dictadura democrática y sean el resultado de las relaciones voluntarias entre las personas. Esperamos convencer a nuestros lectores de que la posibilidad de realizar este ideal es mayor de lo que mucha gente hoy imagina y que vale la pena el esfuerzo para conseguirlo.

I. Los mitos de la democracia

Mito 1 - Cada voto cuenta

Siempre escuchamos esto durante la temporada electoral: la afirmación de que nuestro voto realmente cuenta. Lo cual es cierto –para uno entre cien millones (si hablamos de las elecciones presidenciales americanas)–. Pero si tenemos una influencia en el resultado del proceso de uno en cien millones, o un 0,000001 %, en la práctica tenemos cero influencia. La posibilidad de que nuestro voto decida quién gane las elecciones es increíblemente pequeña.

Y la realidad es incluso peor, porque el voto que emitimos no es a favor de una política o de una decisión específica. Es un voto a un candidato o partido político que tomará decisiones en nuestro nombre. ¡Pero nosotros no tenemos influencia alguna sobre las decisiones que tal persona o partido tome! No podemos controlarlos. Durante cuatro años ellos pueden decidir lo que quieran y no hay nada que podamos hacer al respecto. Podemos bombardearlos con correos electrónicos, suplicarles, o maldecirlos, pero ellos deciden.

Cada año el gobierno toma miles de decisiones. Ese voto nuestro, a

> *El voto es una ilusión de influencia a cambio de una pérdida de libertad.*

favor de alguien que puede hacer lo que quiera sin consultarnos en nada, no tiene ningún impacto mesurable en ninguna de esas decisiones.

El voto que emitimos ni siquiera suele ser una elección real. Se trata más de una indicación de una vaga preferencia. Rara vez encontramos a alguna persona o partido político con el que estemos de acuerdo en todos los aspectos. Supongamos que no queremos que el dinero se gaste en ayudas al Tercer Mundo o en la guerra en Afganistán. Podemos entonces votar por el partido que se oponga a ello. Sin embargo, quizá ese partido esté a favor de elevar la edad de jubilación, algo con lo que, por cualquier motivo, tampoco estamos de acuerdo.

Lo que es más, después de que un partido o persona, por quien podemos haber votado, ha sido elegido, es muy común que rompa sus promesas electorales. Entonces, ¿qué podemos hacer? Deberíamos ser capaces de demandarlos por fraude, pero no es posible. A lo sumo podemos votar por un partido o candidato diferente pasados los cuatro años, con los mismos mínimos resultados.

El voto es una ilusión de influencia a cambio de una pérdida de libertad. Cuando Tom o Jane se presentan frente a la urnas, piensan que están influyendo en la dirección que tomará el país. Y en cierto grado esto es verdad. Al mismo tiempo, el 99,99 % de los votantes decide sobre la dirección que la vida de Tom y Jane ha de tomar. De esta forma, los anteriores pierden mucho más control sobre sus propias vidas del que ganan en influencia sobre las vidas de los demás. Pierden mucho más control que si, por ejemplo, decidieran por sí mismos en qué gastar el dinero, sin tener que pagar primero la mitad de sus ingresos al gobierno a través de los impuestos.

O, para poner otro ejemplo, en nuestro sistema democrático, la gente tiene poco control directo sobre la educación de sus hijos. Si quiere cambiar las prácticas educativas y quiere tener más influencia que solo a través de las urnas, debe primero crear o unirse a un grupo de presión, o presentar peticiones a los políticos u organizar protestas frente a edificios gubernamentales. Existen organizaciones de padres que tratan de influir en la política gubernamental de esta manera. Toma muchísimo tiempo y energía, y casi no tiene ningún efecto. Sería infinitamente más simple y más eficiente si el Estado no interfiriera con la educación y los maestros, los padres y los hijos pudieran tomar sus propias decisiones, individual y conjuntamente.

Por supuesto, la clase dirigente continuamente insta a la gente a votar. Siempre hace hincapié en la influencia que tal voto tendrá en las políticas gubernamentales. Sin embargo, lo que realmente le importa es el sello de aprobación que obtiene de un resultado abultado, el derecho moral a mandar sobre la gente.

Muchas personas creen que es un deber moral participar en las elecciones. Se suele decir que si no votas, no tienes derecho a tener una opinión en los debates públicos o a quejarte sobre las decisiones políticas. La gente que sostiene lo anterior parece no poder imaginar que haya algunas personas que se nieguen a suscribirse a la ilusión de influencia que vende la democracia. Sufre del síndrome de Estocolmo. Ha terminado por amar a sus captores y no se da cuenta de que está intercambiando su autonomía por el poder que los políticos y administradores tienen sobre ella.

Mito 2 - El pueblo manda en una democracia

Esta es la idea básica de la democracia. Es lo que el término democracia literalmente significa, el gobierno del pueblo. Pero ¿realmente gobierna el pueblo en una democracia?

El primer problema es que «el pueblo» no existe. Solo hay millones de individuos con igual número de opiniones e intereses. ¿Cómo pueden gobernar juntos? Esto es imposible. Como un comediante holandés dijo una vez: «La democracia es la voluntad del pueblo. Cada mañana me sorprendo al leer en el periódico lo que quiero».

Aceptémoslo, nadie dirá algo del estilo de «el consumidor quiere Microsoft» o «el pueblo quiere Pepsi». Algunos lo quieren y otros no. Lo mismo se aplica a las preferencias políticas.

Además, no es realmente «el pueblo» quien decide en una democracia, sino «la mayoría» del pueblo o, mejor dicho, la mayoría de los votantes. La minoría aparentemente no pertenece al «pueblo». Esto nos resulta algo extraño. ¿No somos todos parte de «el pueblo»? Como cliente de Wal-Mart no queremos que se nos fuerce a consumir los abarrotes de otro supermercado, pero así es como funcionan las cosas en una democracia. Si por cualquier motivo perteneces al lado perdedor de las elecciones, tienes que bailar al son de los ganadores.

En fin, asumamos que la mayoría es lo mismo que el pueblo. ¿Es verdad entonces que el pueblo decide? Veamos. Existen dos tipos de democracias: la directa y la indirecta (o representativa). En una democracia directa, todos votan en cada decisión que se toma, como en un referéndum. En una democracia indirecta, la gente vota por otras personas para que estas tomen decisiones por aquella. Claramente, en el segundo caso, la gente tiene mucho menos poder de decisión que en el primero. Sin embargo, casi todas las democracias modernas son indirectas, aunque puedan lanzar algún referéndum ocasional.

Para justificar el sistema representativo se argumenta que: a) no sería práctico votar en referéndum todas las diversas decisiones que el gobierno tiene que tomar cada día y b) la gente no tiene suficiente conocimiento técnico para decidir a propósito de todo tipo de cuestiones complejas.

El argumento a puede haber sido plausible en el pasado, ya que era difícil proporcionar a todos la información necesaria y dejarles participar, excepto en comunidades muy pequeñas. Hoy en día, este argumento ya no es válido. Con el Internet y las modernas tecnologías de la comunicación, es fácil dejar que grandes grupos participen en los procesos de toma de decisión y celebrar referéndums. Sin embargo, esto casi nunca sucede. ¿Por qué no celebrar un referéndum sobre si Estados Unidos debería ir a la guerra en Afganistán, Libia o cualquier otro sitio? Después de todo, el pueblo manda, ¿no es así? De hecho, todo el mundo sabe que hay muchas decisiones que la mayoría no apoyaría de tener la oportunidad de votar al respecto. La idea de que «el pueblo gobierna» es simplemente un mito.

Pero ¿qué hay del argumento b? ¿No son la mayoría de los temas demasiado complejos para ser objeto de voto? Difícilmente. Que

> No es «la voluntad del pueblo», sino la voluntad de los políticos –impulsada por grupos de cabilderos profesionales, grupos de interés y activistas– la que reina en una democracia.

una mezquita deba construirse en algún sitio o no, la edad legal para beber, las sentencias mínimas para determinados crímenes, el número de autopistas que debe construirse, la cuantía de la deuda pública, el hecho de si un país extranjero debe ser invadido o no, etc., son todas proposiciones bastantes claras. Si nuestros dirigentes toman la democracia en serio, ¿no deberían entonces al menos dejar a la gente votar directamente en un buen número de ellas?

¿O significa el argumento b que la gente no es lo suficientemente inteligente como para poder formarse una opinión razonable en torno a todo tipo de asuntos sociales y económicos? Si ese es el caso, ¿cómo puede esta gente ser lo suficientemente lista como para entender los diferentes programas electorales y votar basándose en ellos? Cualquiera que promueva la democracia debe, por lo menos, presumir que la gente sabe una cosa o dos y es capaz de entender el lenguaje llano. Además, ¿por qué van a ser los políticos, que son elegidos, necesariamente más inteligentes que los votantes que los eligen? ¿Tienen los políticos un misterioso acceso a la fuente de la sabiduría y el conocimiento que no tienen los votantes? ¿O es que tienen valores morales más elevados que el ciudadano medio? No hay evidencia alguna de esto.

Los defensores de la democracia tal vez dirán que, incluso si el pueblo no es tan estúpido, nadie tiene suficiente conocimiento o inteligencia como para tomar decisiones en las materias complejas que afectan de manera profunda la vida de millones de individuos. Esto es indudablemente cierto, pero lo mismo se aplica a los políticos y a los funcionarios públicos que toman esas decisiones en una democracia. Por ejemplo, ¿cómo pueden saber qué clase de educación quieren los padres, maestros y estudiantes? ¿O cuál es la mejor educación? Cada persona tiene sus propios deseos y sus propias opiniones acerca de lo que es una buena educación. Y la mayoría es lo suficientemente inteligente como para, por lo menos, decidir lo que es bueno para sí mismo y sus hijos. Pero esto choca con la perspectiva centralizada y unitalla de la democracia.

Parece, pues, que en nuestra democracia el pueblo no manda en absoluto. Lo que ni siquiera es tan sorprendente. Todo el mundo sabe que los gobiernos regularmente toman decisiones que la mayoría de la gente no apoya. No es «la voluntad del pueblo», sino la voluntad de los políticos –impulsada por grupos de cabilderos profesionales, grupos de interés y activistas– la que reina en una democracia. La industria petrolera, la industria agropecuaria, la industria farmacéutica, la industria sanitaria, el complejo industrial-militar, Wall Street... todos ellos saben cómo mover el sistema a su favor. Una pequeña élite toma las decisiones, a menudo detrás de las escenas. Sin importarle lo que «el pueblo» pueda querer, despilfarra sus ahorros en guerras y programas de ayuda, permite la inmigración masiva, acumula grandes déficits, espía a los ciudadanos, comienza guerras que pocos votantes quieren, gasta su dinero en subsidios a grupos de intereses especiales, realiza acuerdos –como la unión monetaria en la U. E. o NAFTA– que benefician a los improductivos en detrimento de los productivos, etc. ¿Quisimos esto todos democráticamente o lo quisieron los que mandan?

¿Cuántas personas transferirían voluntariamente miles de dólares a la cuenta bancaria del gobierno para que unos soldados pudieran luchar en su nombre en Afganistán? ¿Por qué no preguntamos a la gente por una vez? ¿No es la gente la que gobierna?

A menudo se dice que la democracia es un buen medio para limitar el poder de los gobernantes, pero como podemos ver, esto no es sino otro gran mito. ¡Los gobernantes pueden hacer más o menos lo que quieran!

Más aún, el poder de los políticos se extiende mucho más allá de sus acciones en el parlamento y el ejecutivo. Cuando son expulsados del cargo por los votantes, muy a menudo aterrizan en lucrativos puestos en una de las innumerables organizaciones que viven en estrecha simbiosis con el Estado: compañías emisoras, sindicatos, asociaciones de vivienda, universidades, diferentes ONG, *lobbies, think tanks* y las miles de firmas de asesoría que viven del Estado como el moho del tronco podrido de un árbol. En otras palabras, un cambio en el gobierno no significa necesariamente el cambio de quien tiene el poder en la sociedad. La responsabilidad democrática es mucho más limitada de lo que parece.

También es digno de mención que la participación en las elecciones de Estados Unidos no es nada fácil. Para que se le permita a uno presentarse a las elecciones federales, tiene que cumplir con una legislación que cubre 500 páginas. Las reglas son tan complejas que no pueden ser entendidas por legos en derecho.

Sin embargo, a pesar de todo esto, los defensores de la democracia siempre insisten en que, cuando el gobierno implementa alguna nueva ley, «nosotros votamos por ella». Esto implica que «nosotros» ya no tenemos derecho a oponernos a tal medida. Pero este argumento raramente se usa de modo consistente. Los gays lo utilizan para defender los derechos de los homosexuales, pero no lo aceptan cuando un país democrático prohíbe la homosexualidad. Los ecologistas demandan que las medidas medioambientales decididas democráticamente sean aplicadas, pero no se cohíben en realizar protestas ilegales, si no están de acuerdo con otras decisiones democráticas. En tales casos, «nosotros» aparentemente no votamos por ello.

Mito 3 - La mayoría tiene razón

Pero, supongamos por un momento, por el bien del argumento, que la gente realmente gobierna en una democracia y que cada voto cuenta. ¿Quiere esto decir que el resultado de este proceso será automáticamente bueno o justo? Después de todo, es por ello que tenemos una democracia, ¿no? Sin embargo, es difícil ver cómo o por qué el proceso democrático necesariamente ha de dar lugar a buenos resultados. Que mucha gente crea algo, no lo hace cierto. Se pueden encontrar muchos ejemplos en el pasado de ilusiones colectivas. Por ejemplo, la gente solía creer que los animales no podían experimentar dolor o que la tierra era plana o que el rey o emperador era el representante de Dios en la tierra.

Tampoco se convierte algo en moral o justo simplemente porque mucha gente esté a favor de ello. Pensemos en todos los crímenes colectivos que han sido cometidos en el pasado. Abominaciones como la esclavitud o la persecución de los judíos fueron consideradas alguna vez perfectamente aceptables por la mayoría de la gente.

Seamos realistas: la gente generalmente se guía por el interés propio a la hora de votar. Vota por los partidos que espera que le beneficien más.

En una democracia, la voluntad de la mayoría se sitúa por encima de las consideraciones morales. La cantidad triunfa sobre la calidad; el número de gente que quiere algo se antepone a las consideraciones de la moral y la razón.

Sabe que los costes que acompañan a los beneficios que recibe son soportados por todos. ¿Es esto justo o deseable? La trágica verdad es que es más probable que las personas estén a favor de la democracia, porque esperan pertenecer a la mayoría que podrá beneficiarse de saquear la riqueza del resto. Esperan que otros carguen con los costes y paguen por los beneficios. Eso es precisamente lo contrario del comportamiento moral.

¿Estamos exagerando? Si tú y tus amigos robáis a alguien en la calle, vosotros seréis castigados. Si la mayoría aprueba una ley para robar a la minoría (un nuevo impuesto sobre el alcohol o el tabaco, por ejemplo), se trata de una decisión democrática y, por tanto, legal. Pero ¿cuál es la diferencia respecto al robo callejero?

Cuando pensamos en ello, debemos concluir que el mecanismo básico de la democracia –el hecho de que la mayoría tenga la última palabra– es fundamentalmente inmoral. En una democracia, la voluntad de la mayoría se sitúa por encima de las consideraciones morales. La cantidad triunfa sobre la calidad; el número de gente que quiere algo se antepone a las consideraciones de la moral y la razón.

El político y escritor británico del siglo XIX, Auberon Herbert, tenía lo siguiente que decir en relación a la lógica y ética de la democracia:

«Cinco hombres se encuentran en una habitación. ¿El hecho de que tres de ellos tengan una opinión y los otros dos otra confiere a los primeros un derecho moral a imponer su opinión sobre los otros dos? ¿Por qué mágico poder el hecho de contar con un hombre más les convierte en poseedores de las mentes y los cuerpos de los demás? Mientras eran dos contra dos, cada hombre se mantenía como señor y dueño de su propia mente y cuerpo; sin embargo, desde el momento en que el otro hombre, actuando por quién sabe qué motivos, decidió unirse a una parte o a la otra, esa parte se convirtió de forma directa en la dueña de las almas y los cuerpos de la otra parte. ¿Ha existido alguna superstición más indefensible y degradante? ¿No se trata de la verdadera descendiente de las antiguas supersticiones sobre los emperadores y los sumos sacerdotes, y su autoridad sobre los cuerpos y las almas de los hombres?»

Mito 4 - La democracia es políticamente neutral

La democracia es compatible con cualquier dirección política. Después de todo, los votantes determinan las preferencias políticas del o de los partidos al mando. De ahí que el sistema en sí mismo trascienda todas las diferencias del punto de vista político: este, en sí mismo, no es ni de izquierda ni de derecha, ni socialista ni capitalista, ni conservador ni progresista.

Esto es, en cualquier caso, lo que parece. Sin embargo, en el mejor de los casos, se trata de una verdad a medias. En realidad, la democracia encarna una dirección política muy específica.

La democracia es, por definición, una idea colectivista, es decir, la idea de que tenemos que decidirlo todo todos juntos y de que debemos regirnos por esas decisiones. Esto significa que en una democracia casi todo es un asunto público. No hay límites fundamentales a esta colectivización. Si la mayoría (o mejor dicho, el gobierno) lo quiere, puede decidir que todos usemos un arnés en la calle por nuestra seguridad. O que nos vistamos como payasos para hacer reír a la gente. Ninguna libertad individual es sagrada. Esto deja la puerta abierta a un incremento permanente de la interferencia gubernamental. Y un constante aumento de la intervención es exactamente lo que sucede en las sociedades democráticas.

Cierto es que las tendencias políticas pueden variar y que a menudo se da marcha atrás –por ejemplo, de más a menos regulación y de vuelta a empezar–, pero a largo plazo, las democracias occidentales han ido avanzando de forma consistente en la dirección de mayor intervención gubernamental, mayor dependencia del Estado y mayor gasto público.

Esto quizá no era tan visible en los días de la Guerra Fría, cuando las democracias occidentales eran comparadas con estados totalitarios como la Unión Soviética y la China maoísta, dándoles un aspecto relativamente libre. En aquellos días era menos obvio que nosotros mismos nos hacíamos cada vez más colectivistas. No obstante, desde la década de 1990, tras la caída del comunismo, quedaría claro que nuestros estados de bienestar han recorrido un largo camino en esa dirección. Ahora estamos siendo adelantados por las nuevas economías emergentes que ofrecen más libertad, menores impuestos y menos regulación que nuestros propios sistemas.

Cierto es que muchos políticos democráticos afirman estar a favor del «libre mercado». Sus acciones, sin embargo, demuestran lo contrario. Consideremos al Partido Republicano, que es a menudo calificado como el partido de la libre empresa. Este ha llegado a aceptar prácticamente todas las principales políticas intervencionistas de sus rivales de la izquierda –el estado de bienestar, los altos impuestos, el alto gasto público, la vivienda pública, las leyes laborales, los salarios mínimos, las intervenciones extranjeras– y ha añadido algunas políticas intervencionistas propias como los subsidios a los bancos y a las grandes empresas, o las leyes contra los crímenes sin víctima, como el consumo de drogas o la prostitución. A pesar de los cambios de rumbo ocasionales o los ataques de «desregulación», bajo ambos partidos el poder del Estado ha crecido de forma constante, sin importar cuánto afirmaran los republicanos estar a favor de la libre empresa. Es un hecho que, bajo la presidencia republicana del «conservador», Ronald Reagan, el gasto gubernamental aumentó en lugar de disminuir. Bajo la administración de George W. Bush, el gasto del gobierno no aumentó, se disparó. Esto muestra que la democracia no es neutral, sino que tiende inherentemente hacia el aumento del colectivismo y del poder gubernamental, quienquiera que esté en el poder en un momento dado.

Esta tendencia general se refleja en un constante crecimiento del gasto público. A principios del siglo XX, el gasto público como porcentaje del producto nacional bruto estaba típicamente alrededor del 10 %, en la mayoría de las democracias occidentales. Ahora está alrededor del 50 %. Así que durante seis meses al año, los ciudadanos se convierten en siervos que trabajan para el Estado.

Gasto Gubernamental, % del PIB									
	1870	1913	1920	1937	1960	1980	1990	2000	2005	2009
Austria	10.5	17	14.7	20.6	35.7	48.1	38.6	52.1	50.2	52.3
Bélgica		13.8	22.1	21.8	30.3	58.6	54.8	49.1	52	54
Gran Bretaña	9.4	12.7	26.2	30	32.2	43	39.9	36.6	40.6	47.2
Canadá			16.7	25	28.6	38.8	46	40.6	39.2	43.8
Francia	12.6	17	27.6	29	34.6	46.1	49.8	51.6	53.4	56
Alemania	10	14.8	25	34.1	32.4	47.9	45.1	45.1	46.8	47.6
Italia	13.7	17.1	30.1	31.1	30.1	42.1	53.4	46.2	48.2	51.9
Japón	8.8	8.3	14.8	25.4	17.5	32	31.3	37.3	34.2	39.7
Paises Bajos	9.1	9	13.5	19	33.7	55.8	54.1	44.2	44.8	50
España		11	8.3	13.2	18.8	32.2	42	39.1	38.4	45.8
Suecia	5.7	10.4	10.9	16.5	31	60.1	59.1	52.7	51.8	52.7
Suiza	16.5	14	17	24.1	17.2	32.8	33.5	33.7	37.3	36.7
EE. UU.	7.3	7.5	12.1	19.7	27	31.4	33.3	32.8	36.1	42.2
Media	10.4	12.7	18.4	23.8	28.4	43.8	44.7	43.2	44.1	47.7

Fuente: Economist 17 de marzo 2011

En tiempos más libres –y menos democráticos– la presión fiscal era mucho menor que en la actualidad. Durante siglos, Inglaterra tuvo un sistema en el que el rey tenía derecho a gastar dinero, pero no a subir los impuestos, y el parlamento tenía derecho a cobrar impuestos, pero no a gastar dinero. En consecuencia, los impuestos internos eran relativamente bajos. En el siglo XX, cuando Gran Bretaña se hizo más democrática, los impuestos subieron vertiginosamente.

La Revolución Americana comenzó como una rebelión de los colonos americanos contra los impuestos de la metrópoli británica. A los fundadores de Estados Unidos les gustaba la democracia tanto como les gustaban los altos impuestos, es decir, nada en absoluto. La palabra «democracia» no aparece en ninguna parte en la de Declaración de Independencia o en la Constitución.

En el siglo XIX, la presión fiscal en Estados Unidos era de un pequeño tanto por ciento, excepto en tiempos de guerra. El impuesto sobre la renta no existía y estaba incluso prohibido por la Constitución. Sin embargo, en la medida en que Estados

Unidos se fue transformado de un estado federal descentralizado en una democracia parlamentaria nacional, el poder gubernamental fue creciendo. Así, por ejemplo, en 1913 el impuesto sobre la renta fue introducido y el sistema de la Reserva Federal instaurado.

Otro claro ejemplo se puede ver en el Código de Regulaciones Federales (CRF), que enumera todas las leyes promulgadas por el gobierno federal. En 1925, este estaba formado por un solo libro. En 2010 se había multiplicado en más de 200 volúmenes y solo su índice ocupaba 700 páginas. Este código contiene reglas para todo lo habido y por haber, desde cómo debe ser una pulsera de reloj hasta cómo deben prepararse los aros de cebolla en los restaurantes. Solo durante la presidencia de George Bush, se agregaron 1.000 páginas cada año, según informa *The Economist*. De acuerdo con la misma revista, en el periodo entre el 2001 y el 2010, el código fiscal americano pasó de contener 1,4 millones de palabras a tener 3,8 millones.

Muchos de los proyectos de ley están tan hinchados que los congresistas ni siquiera se molestan en leerlos antes de votar sobre ellos. En resumen, el advenimiento de la democracia ha aumentado significativamente la interferencia del gobierno en Estados Unidos, a pesar de que la gente frecuentemente declare que Estados Unidos es un país «libre».

El desarrollo en otras democracias occidentales ha sido similar. Por ejemplo, en los Países Bajos, de donde, por cierto, vienen los autores de este libro, el total de la carga fiscal en 1850 era del 14 % del Producto Interno Bruto. Ahora es el 55 %, según un estudio de la Oficina Holandesa de Planificación Central. De acuerdo con otro estudio, el gasto gubernamental como porcentaje del ingreso nacional era del 10 % en 1900, mientras que en 2002 alcanzaba el 52 %.

El número de leyes y reglamentos en los Países Bajos ha crecido de manera constante. El número de leyes en los libros ha incrementado un 72 % entre 1980 y el 2004, según un estudio del Centro de Investigación y Documentación científica del Departamento de Justicia holandés. En 2004, los Países Bajos tenían un total de 12.000 leyes y reglamentos en sus libros, contando con un total de más de 140.000 artículos.

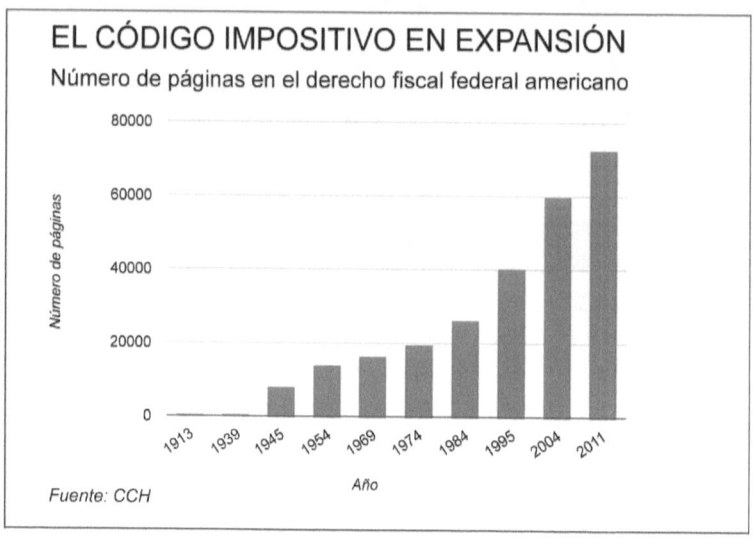

EL CÓDIGO IMPOSITIVO EN EXPANSIÓN
Número de páginas en el derecho fiscal federal americano

Fuente: CCH

Un problema con todas estas leyes es que tienden a reforzarse mutuamente. En otras palabras, una norma lleva a la otra. Por ejemplo, si tenemos un sistema de seguro sanitario impuesto por el Estado, el gobierno se ve inducido a tratar de obligar a la gente a adoptar estilos de vida (supuestamente) saludables. Después de todo, se dice que todos «nosotros» estamos pagando por los altos costes médicos de la gente que vive de manera poco saludable. Esto es cierto, pero únicamente porque el gobierno estableció un sistema colectivizado para empezar. Este tipo de fascismo médico es típico de los países democráticos y es ampliamente aceptado por la mayoría de la gente. A esta le resulta perfectamente normal que el gobierno decrete que debe comer alimentos bajos en grasas y azúcares, que no puede fumar, que debe usar casco o cinturón de seguridad, etc. Las anteriores son todas violaciones directas de la libertad individual, por supuesto.

Se podría argumentar que en las últimas décadas la libertad ha aumentado en un número de sectores. En muchos países occidentales las compañías de televisión privadas («comerciales») han roto los monopolios de las cadenas nacionales, los horarios de apertura de las tiendas se han expandido, el tráfico aéreo ha sido desregulado, el mercado de las telecomunicaciones se ha liberalizado y en muchos países el servicio militar ha sido abolido. No obstante, muchos de estos logros tuvieron que arrancarse de las manos de los políticos. En muchos casos, estos cambios no podían ser impedidos por ellos, al ser resultado del desarrollo tecnológico (como en el caso de los medios y las telecomunicaciones) o de la competencia con otros países (como en el caso de la desregulación de las aerolíneas). Esta evolución puede ser comparada con el colapso del comunismo en la antigua Unión Soviética. Ello no ocurrió, porque los que estaban en el poder quisieran renunciar a él, sino porque no tenían elección, porque el sistema estaba roto y no podía ser reparado. Del mismo modo, nuestros políticos democráticos regularmente tienen que ceder pequeñas porciones de poder.

Lamentablemente, por lo general, nuestros políticos consiguen recuperar el terreno perdido con bastante rapidez. Así cada

En realidad, la democracia es esencialmente una ideología totalitaria, aunque no tan extrema como el nazismo, el fascismo o el comunismo.

vez se restringe más la libertad en Internet. Se erosiona la libertad de expresión con leyes antidiscriminación. Se utilizan los derechos de propiedad intelectual (patentes y derechos de autor) para gobernar sobre la libertad de los productores y los consumidores. La liberalización de los mercados suele ir acompañada del establecimiento de nuevas burocracias destinadas a regular los nuevos mercados. Estas agencias burocráticas luego tienden a volverse más y más grandes e introducir más y más reglas. En los Países Bajos, aunque sectores como los de la energía y las telecomunicaciones hayan sido de hecho liberalizados, al mismo tiempo se han introducido nuevas agencias reguladoras, seis de ellas en los últimos diez años.

En Estados Unidos, de acuerdo con investigadores de la Universidad de Virginia, entre el 2003 y el 2008, el coste de las regulaciones federales subió de un 3 % a 1,75 billones de dólares al año o un 12 % del PIB. Después del 2008, oleadas de nuevas regulaciones fueron introducidas a los mercados financieros, la industria petrolera, la industria alimentaria y, sin duda, a muchos otros sectores de negocios. En Europa las familias y las empresas no solo tienen que soportar a sus gobiernos nacionales, sino que tienen además que sufrir una capa adicional de regulaciones proveniente de la Unión Europea, en Bruselas. Y aunque en los noventa la liberalización estaba de moda en Bruselas, hoy en día es la tendencia inversa la que se sigue: hacia cada vez más (re-)regulación.

En resumen, en la práctica la democracia no es políticamente neutral. El sistema es colectivista por naturaleza y conduce a un continuo incremento de la intervención gubernamental y a una continua reducción de la libertad individual. Esto es así, porque la gente sigue demandando del gobierno lo que quiere que otros paguen por ella.

En realidad, la democracia es esencialmente una ideología totalitaria, aunque no tan extrema como el nazismo, el fascismo o el comunismo. En principio, ninguna libertad es sagrada en una democracia y todo aspecto de la vida individual está potencialmente sujeto al control estatal. Al final del día, la minoría está completamente a la merced de los caprichos de la mayoría. Aun cuando en una democracia haya una constitución que limite los poderes del gobierno, esta puede también ser modificada por la mayoría. El único derecho fundamental que se tiene en una democracia, más allá de participar en el juego electoral, es el de votar por un partido político. Con ese voto solitario se cede la independencia y la libertad a la voluntad de la mayoría.

La verdadera libertad consiste en el derecho a elegir no participar en el sistema y a no tener que pagar por él. Como consumidor, no se es libre si se es forzado a elegir entre diferentes aparatos de televisión, por muchas marcas que haya. Solo se es libre, si también se puede decidir no comprar un aparato de televisión. En la democracia uno tiene que comprar lo que la mayoría haya escogido, le guste o no.

Mito 5 - La democracia lleva a la prosperidad

Del hecho de que muchos países democráticos sean ricos la gente suele deducir que la democracia es necesaria para alcanzar la prosperidad. En realidad, la verdad es lo contrario: la democracia no genera prosperidad, la destruye.

Es verdad que muchas democracias occidentales son prósperas. En otras partes del mundo no se ve tal correlación. Singapur, Hong Kong y varios estados del Golfo no son democráticos y, sin embargo, son ricos. Muchos países en África y América Latina son democráticos, pero no son ricos, a excepción de una pequeña élite. Los países occidentales no son prósperos gracias a la democracia, sino a pesar de ella. Su prosperidad se deriva de la tradición liberal que caracteriza a estos países y del hecho de que el Estado aún no tiene un control completo sobre sus economías. Pero esta tradición se ve poco a poco debilitada por la democracia. El sector privado está siendo erosionado de modo constante por un proceso que amenaza con destruir la fabulosa riqueza que fuera creada en Occidente a lo largo de los siglos.

La prosperidad se crea cuando los derechos individuales se encuentran debidamente protegidos, en particular, los derechos de propiedad. En otras palabras, la riqueza es creada dondequiera que la gente sea capaz de adueñarse de los frutos de su trabajo. En esa situación la gente se siente motivada a trabajar duro, tomar riesgos y usar los recursos disponibles de forma eficiente.

Por otro lado, si las personas se ven obligadas a ceder los frutos de su trabajo al Estado –lo que es parcialmente

En una democracia los ciudadanos son animados a obtener ventajas a costa de los demás o a transmitir sus propias cargas a otros.

el caso en una democracia– se sentirán menos motivadas a esforzarse. Además, el Estado invariablemente usará esos recursos de manera ineficiente. Después de todo, los líderes (democráticos) no han tenido que trabajar para obtenerlos y sus objetivos son muy diferentes de los de aquellos que los produjeron.

¿Cómo funciona esto en una democracia? Puede compararse a un grupo de diez personas que cenan en un restaurante y deciden de antemano dividir igualitariamente la cuenta. Dado que el 90 % de la cuenta será pagado por otros, todo el mundo se siente inclinado a pedir platos caros, que no hubiera pedido de haber tenido que pagar su propia factura. Y a la inversa, debido a que los beneficios individuales de ahorrar solo son del 10 %, nadie encuentra un incentivo en ser frugal. El resultado es que la cuenta total termina siendo mucho más elevada que si todos hubieran pagado por sí mismos.

En economía, este fenómeno se conoce como «la tragedia de los comunes». Un común es una pieza de terreno que se tiene en copropiedad con otros agricultores. Los agricultores que comparten un común tienen un incentivo natural a dejar que sus vacas pasten tanto como sea posible –a expensas de los demás– y ningún incentivo de quitar sus vacas a tiempo, ya que, si lo hace, el pasto será comido hasta el desgaste por el ganado de los otros agricultores. Así que mientras el prado sea poseído por todos y, por lo tanto, por nadie, el resultado será el del sobrepastoreo.

La democracia funciona de la misma manera. Los ciudadanos son animados a obtener ventajas a costa de los demás o a transmitir sus propias cargas a otros. La gente vota por partidos políticos que permiten que otros paguen por sus deseos personales (educación gratuita, mayores beneficios sociales, subsidios para el cuidado infantil, más autopistas, etc.). En el ejemplo de la cena, puede que las cosas no vayan demasiado lejos, porque en un grupo pequeño el control social establece restricciones, pero con millones de votantes en una democracia eso no funciona.

Los políticos son elegidos para manipular este sistema. Ellos administran los bienes «públicos». Como no son sus dueños, no se sienten obligados a ser económicos. Por el contrario, encuentran un incentivo en gastar tanto como sea posible, de modo que puedan obtener el crédito y dejar a sus sucesores pagar las cuentas. Después de todo, necesitan complacer a los votantes. El resultado es la ineficiencia y el sobregasto.

No es solo que los políticos se sientan fuertemente tentados a gastar en exceso, es que también tienen un incentivo para tomar tanto como puedan para sí mismos mientras controlan los «fondos públicos». Y es que una vez que hayan dejado el cargo, ya no podrán enriquecerse tan fácilmente.

Este sistema es desastroso para la economía. ¿Exactamente cuán desastroso es algo que la gente todavía tiene que terminar de digerir? La cuenta por los impulsos despilfarradores de nuestros gobiernos democráticos todavía está en su mayor parte por pagarse.

Las enormes deudas públicas son el resultado de los déficits presupuestarios que –no por casualidad– prácticamente todas las democracias sufren. En Estados Unidos la cena democrática se ha salido tanto de control que la deuda nacional asciende a más de 14.000 millones de dólares; aproximadamente 50.000 de dólares por habitante. En la mayoría de los países europeos la situación es la misma. La deuda nacional holandesa alcanzó los 380 mil millones a finales de 2010 o casi 25.000 por habitante. Estas deudas tendrán que ser pagadas en algún momento por el contribuyente. Una gran cantidad de dinero ya es tomada del contribuyente simplemente para pagar los intereses de la deuda. En los Países Bajos el interés de la deuda nacional se encontraba alrededor de los 22 mil millones de euros en 2009, más de lo que se gastó en defensa e infraestructura. Todo esto es una pura pérdida de dinero, el resultado del pasado despilfarro del dinero del contribuyente.

Pero la podredumbre llega a niveles aún más profundos. Nuestros políticos democráticos no solo recaudan impuestos que subsecuentemente malgastan, sino que también han conseguido asegurarse el control sobre nuestro sistema financiero, nuestro dinero. A través de los bancos centrales como la Reserva Federal y el Banco Central Europeo, nuestros gobiernos democráticos determinan lo que constituye dinero («de curso legal»), cuánto dinero se crea e inyecta en la economía y a qué altura se limitan los tipos de interés. Además, han dañado la conexión que solía existir entre el papel moneda y los valores subyacentes como el oro. Todo nuestro sistema financiero –incluyendo todos nuestros ahorros y fondos de jubilación, todo el dinero que creemos poseer– está basado en el papel moneda fiduciario emitido por el Estado.

La ventaja de este sistema es evidente para nuestro gobierno. Le otorga un «grifo del dinero» que puede abrir cuando quiera. ¡Ningún monarca absolutista tuvo nunca nada parecido! Los líderes democráticos pueden tan solo «bombear» la economía –y llenar sus propios cofres–, si quieren lanzar su propia popularidad. Hacen esto a través del Banco Central que, a su vez, utiliza a la banca privada para llevar a cabo este proceso de emisión de dinero. El sistema está diseñado de tal manera que a los bancos privados se les concede el permiso especial de prestar un múltiplo del dinero que sus clientes depositan (banca de reserva fraccionaria). Así, a través de varios trucos, más y más papel o dinero electrónico es inyectado a la economía.

Esto conlleva varias consecuencias negativas. Para empezar, el valor del dinero disminuye. Ese proceso lleva en operación un siglo. El dólar ha perdido 95 % de su valor desde que el sistema de la Reserva Federal fue creado, en 1913. Es por ello que nosotros como ciudadanos notamos que los productos y servicios se hacen progresivamente más caros. En un verdadero mercado libre, los precios tienden a caer como resultado de las mejoras en la productividad y la competencia. Pero en nuestro sistema manipulado por el gobierno, en el que la oferta de dinero se encuentra en constante aumento, los precios suben todo el tiempo. Algunos se benefician de esto –por ejemplo, los que tienen grandes deudas, como el propio gobierno–, otros se ven perjudicados –como aquellos que viven de una pensión fija o tienen ahorros–.

La segunda consecuencia es que con todo el nuevo dinero que se bombea en la economía, se provoca un auge artificial tras otro. Así, hemos tenido un *boom* inmobiliario, un *boom* en las materias primas, un *boom* en el mercado de valores. Pero todos estos milagros están basados en aire caliente; todos los auges terminan siendo burbujas que revientan antes o después. Tuvieron lugar únicamente, porque los mercados fueron inundados con crédito fácil y todos los participantes pudieron cargarse con deudas. Pero tales fiestas no pueden continuar para siempre. Cuando se hace evidente que las deudas no pueden pagarse, las burbujas explotan. Así es como aparecen las recesiones.

Las autoridades normalmente responden a las recesiones, como cabe esperar de los políticos democráticos, a saber, creando todavía más dinero artificial y bombeando mayores cantidades de dinero en la economía, al mismo tiempo que echan la culpa al «libre mercado» y a los «especuladores» de la crisis. Hacen esto, porque los votantes lo desean. Los votantes quieren que continúe la fiesta el mayor tiempo posible y los políticos suelen cumplir sus deseos para ser reelegidos. El escritor y político estadounidense Benjamín Franklin vio el problema ya en el siglo XVIII: «Cuando la gente se dé cuenta de que puede conseguir dinero a través del voto, estaremos ante el final de la república», escribió.

Encender la imprenta puede proporcionar cierto alivio, pero siempre es temporal. En estos momentos parece que hemos llegado al punto en que no pueden crearse más burbujas sin hundir por completo al sistema en su conjunto. Las autoridades ya no saben qué hacer. Si continúan creando dinero, corren el riesgo de la hiperinflación, al igual que en Alemania en la década de 1920 o en Zimbabue. Al mismo tiempo, no se atreven a dejar de estimular la economía, porque con ello la sumirían en una recesión y eso no les gusta a los votantes. En resumen, el sistema parece sentenciado a muerte. Los gobiernos ya no pueden sostener la ilusión que crearon pero tampoco la pueden dejar ir.

Vemos, pues, que la democracia no lleva a la prosperidad, sino a una constante inflación y recesión, con toda la incertidumbre e inestabilidad que las acompaña. ¿Cuál es la alternativa? La solución a la deriva de despilfarro democrático consiste en restaurar el respeto a la propiedad privada. Si todos los ganaderos tienen su propio pedazo de tierra, cada uno de ellos se asegurará de que la sobreexplotación de su propia tierra nunca ocurra. Si todos los ciudadanos pudieran quedarse con los frutos de su propio trabajo, se asegurarían de conservar tales los recursos.

Esto también significa que el sistema financiero debe ser retirado de las manos de los políticos. El sistema monetario, al igual que cualquier otra actividad económica, debería volver a ser parte del mercado libre. Todo el mundo debería ser libre de emitir su propio dinero y de aceptarlo de otros como estimara conveniente. Los mecanismos del libre mercado asegurarían así que no se generaran más burbujas, al menos no de la magnitud de las que hemos experimentado a través de la manipulación estatal del sistema financiero.

Para muchas personas tal sistema monetario de libre mercado suena aterrador. Pero históricamente ha sido la regla más que la excepción. Y puede ayudar a entender que nuestra prosperidad –la fantástica riqueza de la que disfrutamos actualmente– consiste en último lugar en nada menos que lo que juntos como ciudadanos productivos producimos y hemos producido en la forma de bienes y servicios a lo largo del tiempo. Ni más ni menos. Ninguno de los trucos y espejismos que los gobiernos democráticos realizan con el papel moneda puede cambiar este hecho.

Mito 6 - La democracia es necesaria para garantizar la justa distribución de la riqueza y ayudar a los pobres

Pero ¿no es necesaria la democracia para asegurar la justa distribución de la riqueza? Los políticos hablan de solidaridad y del reparto equitativo, ¿pero cuán justos son sus planes en realidad? Para empezar, antes de que la riqueza sea distribuida, debe producirse. Los subsidios y servicios gubernamentales no son gratuitos, aunque mucha gente parezca pensarlo. Aproximadamente la mitad de lo que gana la gente productiva es tomado por el gobierno para redistribuirlo.

Sin embargo, aun si asumimos que el Estado deba redistribuir la riqueza entre los ciudadanos, persiste la cuestión de si los sistemas democráticos llevan a una distribución justa. ¿Va el dinero a la gente que realmente lo necesita? Si tan solo fuera cierto... La mayoría de las subvenciones y ayudas van a grupos de intereses especiales. Para dar solo un ejemplo, dos quintas partes del presupuesto europeo se gastan en subsidios a la agricultura.

Los grupos de presión o *lobbies* luchan sin cuartel por los subsidios, los privilegios y los puestos de trabajo. Todo el mundo quiere comer en el canal en el que se depositan los fondos «públicos». En este sistema se promueven el parasitismo, el favoritismo y la dependencia , mientras que la responsabilidad individual y la autosuficiencia se desalientan. Por citar a algunos de estos grupos de intereses especiales que se benefician de estos arreglos a pesar de no ser pobres ni desfavorecidos: los bancos, las grandes corporaciones, los agricultores, las agencias de ayuda al desarrollo, las cadenas de televisión y radio, las organizaciones medioambientales, las instituciones culturales... Todos ellos son capaces de adquirir miles de millones en subsidios, porque tienen acceso directo al poder. Los mayores «receptores netos» son, por supuesto, los funcionarios que manejan el sistema. Ellos se aseguran de hacerse imprescindibles y se conceden a sí mismos abultados salarios.

Los grupos de interés no solo se aprovechan del gran tamaño del Estado, sino que también saben cómo influir en la legislación para beneficiarse a sí mismos a expensas del resto de la sociedad. Existen innumerables ejemplos de esto. Pensemos en las restricciones a la importación y las cuotas que benefician al sector agropecuario pero incrementan los precios de los alimentos. O en sindicatos que, de la mano de los políticos, mantienen los salarios mínimos altos, limitando de esta manera la competencia en el mercado laboral. Esto se produce a costa de los menos educados, que no pueden encontrar trabajo porque su contratación se ha hecho artificialmente cara para las compañías que los quieren contratar.

Otro ejemplo son las leyes de concesión de licencias, una forma inteligente de excluir a los competidores que no son bienvenidos.

> *Los grupos de presión o lobbies luchan sin cuartel por los subsidios, los privilegios y los puestos de trabajo. Todo el mundo quiere comer en el canal en el que se depositan los fondos «públicos».*

Los farmacéuticos usan las leyes de concesión de licencias para bloquear la competencia de las farmacias y los proveedores *online*. La profesión médica bloquea la competencia de los proveedores de atención médica «sin licencia».

Un ejemplo relacionado es el sistema de patentes y derechos de autor, que, por ejemplo, las industrias farmacéutica y de entretenimiento usan para impedir la entrada de nuevos competidores.

Pero ¿no podrían los votantes rebelarse contra los beneficios especiales de que disfrutan estos *lobbies*? En teoría, esto es posible. Pero en la práctica rara vez sucede, porque los beneficios que los grupos de intereses especiales disfrutan sobrepasan con creces los costes para los miembros individuales del público. Por ejemplo, si una libra de azúcar se hace tres céntimos más cara a consecuencia de las tarifas de importación, puede resultar muy lucrativo para los productores nacionales de azúcar (y para el Estado), pero para los consumidores individuales no es algo por lo que valga la pena protestar. Los grupos de interés, por tanto, se sienten muy inclinados a preservar tales beneficios, mientras que la gran masa de votantes está demasiado ocupada para preocuparse.

La mayoría de la gente probablemente no es ni siquiera consciente de la existencia de estos dulces arreglos. No obstante, si se juntan todos estos esquemas el resultado, son costes significativos –y por tanto implican un peor nivel de vida– para todos los que no tienen lobistas trabajando para ellos en Washington o alguna otra capital. Por eso la política democrática degenera inevitablemente en una máquina redistribuidora mediante la cual los clubes mejor organizados y más influyentes se benefician a costa del resto de nosotros. Y no hace falta añadir que el sistema también funciona en el sentido contrario, cuando los *lobbies* devuelven los favores en forma de campañas políticas.

En nuestro país, Holanda, que puede ser considerado como un típico Estado europeo democrático, la Oficina de Planificación Social y Cultural (una agencia gubernamental), concluyó en un informe publicado en agosto del 2011 que los grupos de ingresos medios se benefician menos de los programas del gobierno que los grupos de mayores y menores ingresos. De hecho, ¡los investigadores descubrieron que son los grupos de ingresos más altos los que más se favorecen de los programas del gobierno! La investigación era relativa al año 2007, pero no hay razón para asumir que los resultados serían diferentes en otros años. En los Países Bajos, los grupos de ingresos más altos se benefician en particular de los subsidios a la educación universitaria, al cuidado infantil y a las artes.

Mucha gente tiene miedo de que, dejando la educación, la sanidad, los transportes públicos, la vivienda y demás a «las fuerzas del mercado», se excluirá a los pobres de tales servicios. Sin embargo, el libre mercado en realidad hace un gran trabajo proveyendo para los pobres. Tomemos, por ejemplo, a los supermercados. Estos proporcionan lo que más necesitamos para vivir: la comida. Ellos entregan una gran variedad de productos de gran calidad a bajos precios. A través de la innovación y la competencia, el mercado ha hecho posible que los grupos de ingresos más bajos, como los obreros o los estudiantes, disfruten de bienes como coches, computadoras, teléfonos móviles y el transporte aéreo que antes solo estaba reservado a los ricos. Si el cuidado de los ancianos estuviera tan bien organizado como los supermercados, sin la intervención estatal, ¿no veríamos resultados similares? De ese modo, los ancianos y sus parientes decidirían qué servicios comprar y a qué precio. Tendrían mucho más control sobre el cuidado que reciben y lo que pagan por él.

¿No disminuiría la calidad si el Estado dejara de intervenir en escuelas, hospitales y el sector de los cuidados? Todo lo contrario. ¿Cuál sería la calidad de nuestras tiendas si fueran organizadas como las escuelas públicas? No se puede esperar que un puñado de «especialistas» en Washington D. C. gestione con eficacia amplios y complejos sectores como la educación y la sanidad. Con sus interminables reformas, edictos, comités, comisiones, informes técnicos, directivas, directrices y recortes no producen nada más que más y más burocracia.

Los verdaderos expertos están en las escuelas y los hospitales. Ellos son los que más saben acerca de su campo y son los más capaces de organizar sus instituciones eficientemente. Y si no lo hacen bien, simplemente no sobrevivirán en el libre mercado. Por esta razón, la calidad de la educación y la salud mejoraría en lugar de empeorar sin la interferencia del Estado. La burocracia, las listas de espera y las aulas demasiado llenas desaparecerían. Y eso del mismo modo en que existen muy pocos supermercados que estén sucios y tengan mala comida, u ópticos con periodos de espera de medio año en el mercado. No sobrevivirían.

Cierto es que siempre habrá gente que sea incapaz de mantenerse a sí misma. Tales personas necesitan ayuda. Pero no es necesario crear la máquina de redistribución masiva de nuestra democracia para ayudarlos. Eso puede hacerse por instituciones de caridad privadas o cualquier otra persona que quiera echar una mano. La suposición de que necesitamos la democracia para ayudar a los desfavorecidos es una cortina de humo detrás de la cual se esconde el interés propio de la gente que se beneficia de la máquina redistribuidora.

Mito 7 - La democracia es necesaria para la convivencia armoniosa.

La gente a menudo piensa que los conflictos pueden evitarse tomando decisiones de forma democrática. Después de todo, si cada uno sigue sus propias inclinaciones, no podemos vivir en paz, o al menos en eso se basa el argumento.

Esto puede ser cierto cuando un grupo de gente tiene que decidir entre ir al cine o a la playa. Pero en la mayoría de las cuestiones no necesitamos decidir democráticamente. De hecho, el proceso democrático de decisión tiende a crear conflictos. Esto se debe a que toda clase de cuestiones personales y sociales se convierten en problemas colectivos en una democracia. Al obligar a las personas a regirse por decisiones democráticas, se termina en una situación en la que las relaciones son más antagónicas que armoniosas.

Por ejemplo, se decide «democráticamente» lo que los niños deben aprender en la escuela, cuánto dinero debe gastarse en el cuidado de los ancianos, cuánto debe destinarse a la ayuda al tercer mundo, si fumar en un bar está permitido o no, qué canales de TV se subsidian, qué tratamientos médicos son cubiertos por Medicaid, cuál debería ser el precio máximo de los alquileres, si se permite a las mujeres usar velos, qué drogas o fármacos puede la gente consumir y mucho más. Todas estas decisiones crean conflictos y tensiones. Y todos estos conflictos son fáciles de evitar. Solo debemos dejar que la gente tome sus propias decisiones y asuma la responsabilidad de sus consecuencias.

Supongamos que decidiéramos democráticamente cuánto y qué tipo de pan debe ser horneado al día. Esto llevaría a un cabildeo, campañas, discusiones, reuniones y protestas sin fin. Los partidarios del pan blanco terminarían considerando a los partidarios del pan integral como sus enemigos. Si los «integralistas» consiguieran la mayoría, todos los subsidios irían al trigo integral y el pan blanco podría hasta ser prohibido. Y viceversa, claro.

La democracia es como un autobús lleno de personas intentando decidir juntos a donde debe dirigirse el conductor. Los progresistas votan por San Francisco, los conservadores prefieren Dallas. Los libertarios quieren ir a Las Vegas, los verdes quieren ir a Woodstock y el resto quiere ir en mil direcciones diferentes. Al final, el autobús llega a un sitio al que casi nadie quiere ir. Incluso si el conductor no tiene ningún interés propio y escucha cuidadosamente lo que los pasajeros dicen querer, nunca puede satisfacer todos sus deseos. Solo tiene un autobús y hay casi tantos deseos como pasajeros.

Esta es también la razón por la que los recién llegados a la política, que son aclamados como salvadores, terminan siempre decepcionando a la

Supongamos que decidiéramos democráticamente cuánto y qué tipo de pan debe ser horneado al día. Esto llevaría a un cabildeo, campañas, discusiones, reuniones y protestas sin fin.

gente. Ningún político puede conseguir lo imposible. Un «sí se puede» siempre termina en un «no, no se puede». Ni siquiera la persona más sabia del mundo podría satisfacer deseos incompatibles.

No es casualidad que las discusiones políticas sean casi siempre emocionales. De hecho, mucha gente prefiere no hablar de política en reuniones sociales. Esto se debe a que, por lo general, las personas tienen ideas muy diferentes sobre «cómo vivir», y en una democracia estas opiniones deben de alguna manera ser reconciliadas.

La solución al problema del autobús es simple. Dejemos que la gente decida por sí misma a dónde ir y con quién. Dejemos a la gente decidir por sí misma cómo vivir, cómo resolver sus problemas y formar sus propios grupos. Dejémosla decidir qué hacer con su cuerpo, su mente y su dinero. Muchos «problemas» políticos desaparecerán como por arte de magia.

ESQUEMÁTICA DEL CICLO ELECTORAL

Nosotros queremos educación gratuita para nuestros hijos y queremos que él pague por ella.

Yo quiero subsidios corporativos e incentivos y quiero que ella pague por ello.

Yo quiero ampliar la guerra contra el terrorismo y quiero que ellos paguen por ello.

Yo quiero prescripciones gratuitas y quiero que él pague por ellas.

www.russmo.com rússmo 11/06

En una democracia, sin embargo, ocurre precisamente lo opuesto. El sistema anima a la gente a convertir sus preferencias individuales en objetivos colectivos que todo el mundo debe seguir. Alienta a aquellos que quieren ir al lugar X a intentar obligar a los demás a ir en la misma dirección. Una consecuencia desafortunada del sistema democrático es que induce a las personas a formar grupos que necesariamente entrarán en conflicto con otros grupos. Esto es así, porque solo formando parte de un grupo lo suficientemente grande (o bloque de votantes) hay alguna posibilidad de convertir las ideas propias en la ley del país. De este modo, se pone a los ancianos contra los jóvenes, a los agricultores contra los habitantes de las ciudades, a los inmigrantes contra los residentes, a los cristianos contra los musulmanes, a los creyentes contra los ateos, a los empleadores contra los trabajadores, etc. Cuantas más diferencias haya entre las personas, más intolerables se harán sus relaciones. Cuando un grupo cree que la homosexualidad es un pecado y el otro hace un llamamiento al uso de más modelos de conducta homosexuales en los materiales educativos de las escuelas, inevitablemente chocarán.

Casi todo el mundo entiende que la libertad de religión, que se desarrolló hace siglos, ha sido una idea sensata que reduce las tensiones sociales entre los grupos religiosos. Después de todo, los católicos ya no podían dictar las vidas de los protestantes ni viceversa. No obstante, poca gente parece hoy en día comprender que surjan tensiones cuando, a través del sistema democrático, los empleados dictan a los empleadores cómo llevar su negocio, los ancianos hacen que los jóvenes paguen por sus pensiones, los bancos hacen que los ciudadanos paguen por sus malas inversiones, los fanáticos de la salud imponen sus ideas, y así sucesivamente.

También vale la pena presentar a tu grupo como débil o desfavorecido, o excluido o discriminado. Eso te ofrece un argumento extra para solicitar beneficios al gobierno, y da al gobierno un argumento para justificar su existencia y conceder esos privilegios en nombre de la «justicia social».

Como el escritor norteamericano H. L. Mencken dijo: «Lo que los hombres valoran en este mundo no son

> La idea de solidaridad obligatoria es verdaderamente una contradicción. Para ser real, la solidaridad implica acción voluntaria.

los derechos sino los privilegios». Esto se aplica a muchos grupos en la sociedad y es bastante obvio en la democracia. Donde alguna vez mujeres, negros y homosexuales lucharon por la libertad e igualdad de derechos, hoy demandan por medio de sus representantes modernos privilegios como cuotas, acciones afirmativas y leyes antidiscriminación que limiten la libertad de expresión. A esto lo llaman derechos, pero ya que solo se aplican a ciertos grupos, constituyen en realidad privilegios. Los derechos reales, como aquel de la libertad de expresión, se aplican a todos. Los privilegios solo son aplicables a ciertos grupos. Se basan en la fuerza, porque solo pueden otorgarse forzando a otros a pagar por ellos.

Otra táctica para obtener favores o privilegios del sistema democrático consiste en presentar tu causa como algo necesario para salvar a la sociedad de algún tipo de desastre. Si no salvamos al clima, al euro o a los bancos, la sociedad está condenada, el caos asegurado y millones sufrirán. H. L. Mencken también supo ver a través de este truco: «Las ansias de salvar a la humanidad son casi siempre una falsa fachada de las ansias de mandar».

Tengamos en cuenta que en una democracia la gente no tiene que poner su dinero donde está su boca. Algunos defenderán a los inmigrantes ilegales mientras no tengan que vivir donde puedan ser molestados por ellos. Otros votarán por subsidios a favor de orquestas y museos cuyo costoso boleto nunca pagarían, sabiendo que los costes de estos subsidios serán soportados por otros.

Dichas personas a menudo despliegan un aire de superioridad moral. «No queremos exponer el arte al libre mercado», proclama el proponente de los subsidios. Lo que realmente quiere decir es que *él* valora el arte *pero* quiere que sea el resto de la sociedad quien pague por su preferencia.

«Nosotros» es la palabra más desgastada en la democracia. Los proponentes de una medida siempre dicen «queremos algo», «debemos hacer algo», «necesitamos algo», «tenemos el derecho». Como si todo el mundo estuviera naturalmente de acuerdo. Lo que realmente quieren decir es que *ellos* lo quieren, si bien no quieren asumir la responsabilidad ellos mismos. La gente dice, «debemos ayudar al tercer mundo» o «debemos luchar en Afganistán». Nunca dirá, «voy a ayudar al tercer mundo, ¿quién está conmigo?» o «Voy a luchar contra los Talibanes». La democracia ofrece, por tanto, un modo conveniente de trasladar la responsabilidad personal a terceros. Al decir «nosotros» en lugar de «yo», el 99,99 % de la carga de la decisión se coloca sobre otros.

Y los partidos políticos rápidamente se aprovechan de esto. Estos (explícitamente o implícitamente) prometen a sus electores que la carga de sus objetivos preferidos será asumida por el resto. Así, los de izquierda dirán: «Vota por nosotros, tomaremos el dinero de los ricos y te lo daremos a ti». Y los de derecha exclamarán: «Vota por nosotros, financiaremos la guerra en Afganistán con el dinero de la gente que se opone a ella». Y luego todos dirán a los agricultores: «Voten por nosotros, que nos aseguraremos de que los subsidios a la agricultura sean pagados por los no agricultores».

¿Es este un sistema de buena voluntad y solidaridad o un sistema antisocial y parasitario?

La supuesta solidaridad en una democracia se basa en última instancia en la fuerza. Pero la idea de solidaridad obligatoria es verdaderamente una contradicción. Para ser real, la solidaridad implica acción voluntaria. No se puede decir que alguien que es víctima de un robo en la calle esté mostrando solidaridad hacia el ladrón, sin importar cuán nobles sean los motivos del ladrón.

El hecho es que aquellos que utilizan el sistema democrático para imponer la solidaridad, pueden hacerlo, porque no pagan por ello ellos mismos. Observemos que ellos nunca proponen que se lleve a cabo una similar redistribución de la riqueza a nivel mundial. Si compartir con los menos afortunados es correcto, ¿por qué no extender los sistemas de asistencia a todo el mundo? ¿Por qué no crear justicia social a una escala global? Obviamente, los defensores occidentales de la redistribución se dan cuenta de que la redistribución global reduciría sus ingresos a unos pocos miles de dólares al año. Pero, por supuesto, a ellos no les importa «compartir justamente» con gente más rica.

Si quieres regalar tu dinero, no necesitas a una mayoría respaldándote. La libertad es suficiente. Eres libre de abrir tu cartera y dar lo que quieras. Puedes dar en caridad o unirte con gente de ideas afines y donar en conjunto. No hay justificación para forzar a los demás a hacer lo mismo.

Mito 8 - La democracia es indispensable para el sentido de comunidad

En una democracia, entonces, toda diferencia de opinión lleva a luchar por el poder y los recursos para lograrse imponer sobre los demás. Todo el mundo hace demandas al Estado y espera que este obligue al resto a adaptarse a ellas. No puede ser de otra manera, ya que el Estado no es sino un instrumento de poder que opera por medio de la coacción.

El resultado de este sistema es que la gente se malacostumbra, exigiendo más y más de sus gobernantes y quejándose cuando no se sale con la suya. Por otra parte, no le queda más remedio que participar en el sistema, ya que si no lo hace, será extorsionada por el resto de la población. De esta manera, el sistema socava la autonomía individual, la capacidad de valerse por uno mismo. Además, debilita la voluntad de la gente para ayudar a otros, dado que ya se le obliga constantemente a hacerlo.

La mentalidad general ha sido tan «democratizada» que ya ni siquiera nos damos cuenta de lo antisociales

> *La democracia es una organización de afiliación obligatoria. Una verdadera comunidad está basada en la participación voluntaria.*

que realmente son nuestras ideas y acciones. Actualmente todo el que quiere crear un club deportivo, un evento cultural, una guardería, una organización medioambiental, etc., trata de obtener primero algún tipo de subsidio del gobierno local o nacional. Dicho de otro modo, quiere que alguien más pague por su *hobby* o afición. Y no es que sea completamente ilógico: si no se juega a este juego, se tendrá que pagar por los *hobbies* de otros en su lugar. Pero este sistema tiene poco que ver con la idea de comunidad que la gente tiende a asociar a la democracia. Está más relacionado con la supervivencia del más fuerte en la lucha por el botín de los impuestos.

Ludwig Erhard, antiguo canciller alemán y arquitecto del milagro alemán de la postguerra, reconocería el problema de la democracia: «¿Cómo podemos continuar asegurando el progreso si gradualmente adoptamos un estilo de vida de acuerdo al cual nadie está dispuesto a asumir la responsabilidad de sí mismo y todo el mundo está buscando seguridad en el colectivismo?», se preguntó. «Si esta manía continúa, nuestra sociedad degenerará en un sistema social en el que todo el mundo tiene sus manos en los bolsillos de alguien más».

Aun así, cabe preguntarse, ¿no perderíamos nuestro sentido de unidad nacional si no decidiéramos todo «juntos»? Es indudable que un país es en cierto sentido una comunidad. No hay nada de malo en ello, puede incluso ser algo bueno. Después de todo, la mayoría de la gente no es solitaria. Aprecia la compañía y necesita de los demás por razones económicas.

No obstante, ¿es acaso la democracia esencial para este sentimiento de unidad? Parece difícil ver por qué tendría que ser así. Cuando se habla de comunidad, se habla de más que de un sistema político. La gente comparte el idioma, la cultura y la historia. Además de tener en común héroes nacionales, celebridades o estrellas del pop, cada país cuenta con su propia literatura, valores culturales, ética del trabajo y estilo de vida. Nada de esto se encuentra atado al sistema democrático. Todo existía antes de que hubiera democracia y no hay ninguna razón para pensar que no continuaría sin ella.

Al mismo tiempo, ningún país tiene una cultura uniforme. Dentro de cada territorio existen grandes diferencias entre las personas. Existen muchas comunidades étnicas y regionales con fuertes lazos mutuos. Y no hay nada de malo en ello tampoco. Dentro del marco de una sociedad libre, todas esas estructuras sociales pueden coexistir. El principal punto a notar es que son voluntarias. No son impuestas por el Estado ni pueden serlo debido a que las culturas y comunidades son entidades orgánicas. No pueden mantenerse por la fuerza del Estado y tienen poco que ver con las elecciones.

La diferencia entre estas comunidades sociales y la democracia es que la democracia es una organización de afiliación obligatoria. Una verdadera comunidad está basada en la participación voluntaria. Tal comunidad puede tener reglas «democráticas», claro está. Los miembros de un club de tenis pueden decidir votar por el nuevo administrador, el precio de las cuotas de socio y así sucesivamente. Ello no supone ningún problema. Se trata de una asociación privada y los miembros son libres de afiliarse o no. Si no les gusta cómo se lleva su club pueden asociarse a otro o crear uno ellos mismos. El carácter voluntario del club asegura que tienda a funcionar bien. Si, por ejemplo, el consejo cayera en favoritismos, muchos miembros renunciarían. Sin embargo, en nuestro sistema democrático no tenemos la opción de dejar el club. La democracia es obligatoria.

Algunas veces la gente exclama «¡Tómalo o déjalo!», al hablar de su país. Sin embargo, esto implica que el país pertenece al Estado, a la colectividad, y que todo aquel que haya nacido accidentalmente allí, es, por definición, súbdito del Estado. Y eso aunque nunca se le diera otra opción.

Si alguien en Sicilia es extorsionado por la Mafia, nadie dice, «tómalo o déjalo». Si un país pone a los homosexuales en prisión, le gente no dice, «no tienen motivo para quejarse; si no les gustaban las reglas podrían haber emigrado». Al igual que Sicilia no es propiedad legítima de la Mafia, Estados Unidos (o cualquier otro país) no es propiedad de la mayoría o del gobierno. Cada persona es dueña de su vida y no tiene por qué hacer lo que la mayoría quiera. La gente tiene derecho a hacer lo que quiera con su vida siempre y cuando no dañe a otros mediante violencia, robo o fraude. Este derecho en gran medida se nos es negado en nuestra democracia parlamentaria nacional.

Mito 9 - Democracia es sinónimo de libertad y tolerancia

Uno de los mitos más persistentes acerca de la democracia es que esta se identifica con la «libertad». Para mucha gente, «la libertad y la democracia» van de la mano, como las estrellas y la luna. Pero, en realidad, la libertad y la democracia son opuestas. En una democracia, todo el mundo debe someterse a las decisiones del gobierno. El hecho de que el gobierno sea elegido por la mayoría es irrelevante. La coacción es coacción, sea esta ejercida por la mayoría o por un único gobernante.

En nuestra democracia nadie puede escapar a las decisiones tomadas por el gobierno. Si uno no obedece, será multado, y si se niega a pagar la multa, terminará en la cárcel. Tan simple como eso. Intentemos no pagar una multa de tráfico. O nuestros impuestos. En este sentido, no existe una diferencia fundamental entre una democracia y una dictadura. Para alguien como Aristóteles, que vivió en una época en la que la democracia aún no había sido santificada, esto era obvio. Él escribiría: «La democracia ilimitada es, al igual que la oligarquía, una tiranía repartida sobre un gran número de personas».

La libertad significa que no tengamos que hacer lo que la mayoría de nuestros hermanos hombres quieren que hagamos, sino que podamos decidir por nosotros mismos. Como el economista John T. Wenders dijera una vez: «Hay una diferencia entre democracia y libertad. La libertad no puede medirse por la oportunidad de votar. Puede medirse por el alcance de todo aquello en relación a lo que no se vota».

Tal ámbito es muy limitado en la democracia. Nuestra democracia no nos ha traído libertad, sino todo lo contrario. El gobierno ha promulgado incontables leyes que imposibilitan gran cantidad de relaciones e interacciones sociales voluntarias. Los propietarios y los arrendatarios no pueden realizar contratos como lo estimen conveniente, los empleadores y los empleados no tiene permitido acordar ni el salario ni las condiciones laborales que ellos quieran, a los doctores y los pacientes no se les autoriza a decidir libremente qué tratamientos o medicamentos utilizar, las escuelas no son libres de enseñar lo que quieran, los ciudadanos no pueden «discriminar», las empresas no pueden contratar a quien quieran, la gente no puede desarrollar la profesión que quiera, en muchos países los partidos políticos deben permitir que mujeres candidatas se presenten a las elecciones, las instituciones sociales son sometidas a cuotas raciales, y la lista sigue. Todo esto tiene poco que ver con la libertad. ¿Por qué no tienen las personas el derecho de establecer los acuerdos o convenios que estimen convenientes? ¿Por qué otros tienen derecho a interferir en contratos de los que no forman parte?

Las leyes que interfieren en la libertad de la gente para contratar libremente pueden beneficiar a ciertos grupos, pero invariablemente dañan a los demás. Las leyes del salario mínimo benefician a ciertos trabajadores, mientras dañan a personas que son menos productivas. Estas se vuelven demasiado caras para ser empleadas y, por tanto, permanecen en el paro.

De la misma manera, las leyes que protegen frente al despido benefician a unos al tiempo que disuaden a los empleadores de contratar a gente nueva. Cuanto más rígida sea la legislación laboral, más miedo tendrán los empleadores de quedarse atascados con gente de la que no pueden deshacerse si el negocio lo requiere. El resultado es que contratan lo menos posible, incluso en tiempos de bonanza. De nuevo, esto tiende a perjudicar en particular a los trabajadores poco cualificados. Simultáneamente, el resultante alto desempleo hace que aquellos que sí tienen un trabajo tengan miedo de cambiar de carrera profesional.

Del mismo modo, las leyes de control del alquiler favorecen a los inquilinos actuales, pero disuaden a los propietarios de alquilar espacios inmobiliarios y a los inversores de desarrollar proyectos. Como resultado, estas leyes derivan en la escasez de la vivienda y en el alto precio del alquiler, dañando a la gente que está buscando un lugar para vivir.

¿Y qué hay de las leyes que dictan los estándares mínimos de los productos y servicios? ¿No benefician a todos? Bueno, no. La desventaja de estas leyes es que limitan los suministros, reducen las opciones de los consumidores y aumentan los precios (por lo que, de nuevo, afectan especialmente a los pobres). Por ejemplo, las leyes que establecen los estándares de seguridad para los coches, suben los precios y los hacen inasequibles para los grupos de menores ingresos, quienes se ven privados de la posibilidad de decidir por sí mismos qué riesgos tomar en la carretera.

Para ver por qué esas normas «protectoras» adolecen de serios inconvenientes, imaginemos que el gobierno prohibiera la venta de cualquier vehículo por debajo de la calidad de un Mercedes Benz. ¿No aseguraría aquello que todos condujéramos los coches más seguros? El problema es que, claro, solo los que pueden permitirse un Mercedes Benz seguirían conduciendo. O pensémoslo un poco. ¿Por qué no triplica el gobierno el salario mínimo? ¿No estaríamos todos ganando mucho dinero? Bueno, lo harían los que aún tuvieran trabajo. Los otros no. El gobierno no puede hacer magia con sus leyes, aunque muchas personas lo piensen.

En una democracia no solo tienes que hacer lo que el gobierno te manda, aunque básicamente todo lo que haces necesita su permiso. En la práctica, los individuos conservan muchas libertades, si bien el énfasis se pone en el permiso. Todas las libertades que ejercemos en una nación democrática son otorgadas por el Estado y se nos pueden retirar en cualquier momento.

Aunque nadie pide permiso al Estado para tomarse una cerveza, ese consentimiento es, sin embargo, implícitamente requerido. Nuestro democráticamente elegido gobierno puede prohibir la cerveza, si quiere. De hecho, esto ocurrió en Estados Unidos durante la Ley Seca. Hoy en día, en Estados

Unidos uno tiene que tener 21 años para tomarse una cerveza.

Otros estados democráticos cuentan con leyes similares. En Suecia solo es posible comprar licor en tiendas estatales. En muchos países la

> «Hay una diferencia entre democracia y libertad. La libertad no puede medirse por la oportunidad de votar. Puede medirse por el alcance de todo aquello en relación a lo que no se vota». John T. Wenders

prostitución es ilegal. Los ciudadanos noruegos no pueden ni siquiera «comprar sexo» fuera de Noruega. En los Países Bajos necesitas permiso del gobierno para construir un cobertizo o para cambiar la apariencia de tu casa. Es evidente que hablamos de ejemplos de dictadura, no de libertad.

A veces se argumenta que, en las democracias occidentales, la mayoría no puede hacer lo que quiera, o incluso que en las democracias las minorías cuentan con derechos típicamente protegidos. Esto no es más que un mito. Cierto, existen actualmente unas cuantas minorías que gozan de «protección» especial del Estado, como las feministas, los gays o las minorías étnicas. Otras minorías como los mexicanos, los fumadores, los empresarios, los consumidores de drogas o los cristianos no pueden contar con tal tratamiento privilegiado. La popularidad de ciertas minorías tiene más que ver con la moda que con la democracia.

Las razones por las que en una democracia se deja en paz o trata preferencialmente a ciertas minorías son diversas. Algunas minorías son muy reivindicativas e inmediatamente toman las calles cuando sus «derechos» (es decir, privilegios) son amenazados, por ejemplo, ciertos trabajadores públicos o sindicalistas o agricultores en Francia. Otros son tratados con cautela, porque se teme que reaccionarán agresivamente cuando se les obligue a cumplir las reglas, como los *hooligans* de fútbol, las pandillas étnicas o los activistas verdes. Si los fumadores, que en su día fueron una mayoría, hubieran respondido violentamente ante el recorte de sus libertades, probablemente muchas de las leyes antitabaco no se habrían aprobado.

El punto es que, no hay nada en el sistema democrático en sí (o en el principio de la democracia) que garantice los derechos de las minorías. El propio principio de la democracia es precisamente que la minoría no tiene derechos inalienables. El parlamento o el congreso pueden adoptar cualquier ley que quieran sin tener en consideración a las minorías. Y las modas cambian. La minoría predilecta de hoy puede convertirse en el chivo expiatorio de mañana.

Pero ¿no es verdad que las democracias tienen constituciones que nos protegen de la legislación tiránica de la mayoría? Hasta ahora sí. No obstante, es importante resaltar que la Constitución americana fue adoptada antes de que Estados Unidos tuviera una democracia. Además, la Constitución puede ser modificada por el sistema democrático, si la mayoría lo quiere, y a menudo lo ha sido. La Ley Seca fue aprobada por una modificación constitucional. Lo mismo ocurrió con el impuesto sobre la renta (aunque la validez de esta enmienda ha sido puesta en cuestión). La propia existencia de las modificaciones constitucionales muestra que esta está sujeta al control democrático, es decir, al mandato de la mayoría. Y tampoco es que la Constitución original fuera perfecta: permitía la esclavitud.

Otros estados democráticos tienen constituciones que protegen todavía menos la libertad individual que la Constitución de Estados Unidos. De acuerdo a la Constitución holandesa, el Estado debe proveer puestos de trabajo, vivienda, medios de vida, sanidad y redistribución económica, entre otras cosas. Dicha Constitución se parece más a un programa electoral socialdemócrata que a un manifiesto de la libertad individual. La Unión Europea intentó aprobar una constitución que decía lo siguiente: «Obrará en pro del desarrollo sostenible de Europa, basado en un crecimiento económico equilibrado y en la estabilidad de precios, en una economía social de mercado altamente competitiva, tendente al pleno empleo y al progreso social y con un nivel elevado de protección y mejora de la calidad del medio ambiente». Estos y otros artículos en el documento dan a las autoridades europeas un amplio margen de maniobra para regular los asuntos de la gente. Por cierto, las poblaciones de Francia y Holanda votaron en contra de esta constitución en referéndums. A pesar de ello, gran parte de su contenido salió adelante a través del Tratado de Lisboa.

De la democracia también se dice con regularidad que va de la mano de la libertad de expresión. Esto, de nuevo, no es más que un mito. No hay nada en la idea de democracia que favorezca la libertad de expresión, como ya descubriera Sócrates. Los países democráticos cuentan con todo tipo de normas que limitan la libertad de expresión. En Holanda está prohibido insultar a la reina.

En Estados Unidos, la Primera Enmienda de la Constitución garantiza la libertad de expresión, pero, con excepción de la obscenidad, la difamación, la incitación al desorden, las palabras de lucha, el acoso, las comunicaciones privilegiadas, los secretos comerciales, el material clasificado, los derechos de autor, las patentes, la conducta militar, el discurso comercial, y las restricciones de modales de acuerdo al contexto de tiempo y lugar. Estas son un montón de excepciones.

El punto a destacar, sin embargo, es que la Constitución americana –y la «libertad de expresión» que vino con ella– fue adoptada antes de la llegada de la democracia. La razón por la que la gente de las democracias occidentales disfruta de una serie de libertades no es porque sean democracias, sino porque tienen tradiciones liberales que surgieron entre los siglos XVII y XVIII, antes de la democracia. Muchas personas en estos países no quieren perderlas, aun si el espíritu de libertad es constantemente erosionado por el espíritu de la intervención democrática.

En otras partes del mundo la gente se siente menos apegada a sus libertades personales. Muchas democracias no occidentales muestran muy poco respeto por la libertad individual. En países democráticos islámicos como Pakistán, las mujeres tienen muy poca libertad y no existe gran libertad de expresión o religión. En tales países la democracia es una justificación para la opresión. Si la democracia fuera introducida en monarquías absolutas como Dubái, Qatar o Kuwait, probablemente redundaría en menos en lugar de en más libertad. Los palestinos en la Franja de Gaza eligieron democráticamente al fundamentalista, no muy amigo de la libertad, Hamás (un resultado que luego, irónicamente, no fue aceptado por Estados Unidos y otras democracias occidentales).

Mito 10 - La democracia promueve la paz y ayuda a luchar contra la corrupción

En el ámbito internacional, los estados democráticos son casi por definición buenos, mientras que el resto son malos. ¿No son las democracias amantes de la paz? Bueno, no exactamente. Con demasiada frecuencia, las democracias demuestran ser bastante belicistas. Estados Unidos, la democracia más poderosa del mundo, ha empezado docenas de guerras. El gobierno americano ha instigado numerosos golpes de estado, habiendo derrocado gobiernos, apoyado a dictadores (Mobutu, Suharto, Pinochet, Marcos, Somoza, Batista, el Shah de Irán, Saddam Hussein y otros) y bombardeado civiles inocentes, incluso con bombas atómicas. En la actualidad, Estados Unidos tiene tropas en más de 700 bases militares en más de cien países, gastando en «defensa» aproximadamente tanto como todo el resto del mundo junto.

La democrática Gran Bretaña inventó los campos de concentración (en Sudáfrica) y fue la primera en reprimir la oposición nacionalista en sus colonias mediante bombardeos aéreos y la destrucción de pueblos enteros (en Irak en la década de 1920). El imperio británico democrático suprimió un gran número de revueltas por la independencia en sus colonias, como en Afganistán, India y Kenia. Inmediatamente después de haber sido liberada por los Aliados de los Nazis, la democrática Holanda emprendió una guerra en Indonesia contra la gente que quería ser independiente. Francia hizo lo mismo en Indochina. Países democráticos como Bélgica y Francia han llevado a cabo muchas guerras sucias en África (como en el caso del Congo Belga o Argelia). Los Estados Unidos están actualmente librando guerras en Irak y Afganistán, lo que va acompañado de la tortura de miles de víctimas inocentes.

Una variante de este mito sostiene que las democracias no se declaran la guerra entre sí. Margaret Thatcher, antigua primera ministra británica, dijo eso mismo («las democracias no entran en guerra las unas con las otras») durante una visita a

Checoslovaquia en 1990 y Bill Clinton dijo lo siguiente en un discurso al Congreso Americano en 1994: «Las democracias no se atacan entre sí». Esto implica que todas las guerras que las democracias han librado han estado más o menos justificadas, porque no fueron dirigidas contra otras democracias, y que, si todo el mundo fuera democrático, se acabarían las guerras.

Ahora bien, es cierto que desde la Segunda Guerra Mundial un gran número de países «occidentales» –que casualmente también son «democracias»– se han unido a la OTAN y muestran poca tendencia a atacarse entre sí. Pero esto no significa que tenga que ver con la democracia o que, históricamente, las democracias hayan sido pacíficas las unas hacia las otras.

En la antigua Grecia democrática las ciudades-estado entablaban guerras entre sí con regularidad. En 1898, Estados Unidos y España se enfrentaron en una guerra. La Primera Guerra Mundial se luchó contra una Alemania que no era menos democrática que Gran Bretaña o Francia. La India democrática y el Pakistán democrático se han enfrentado varias veces desde 1947. Estados Unidos ha apoyado golpes de estado antidemocráticos contra gobiernos elegidos democráticamente en Irán, Guatemala y Chile. Israel ha estado en guerra con países democráticos como el Líbano y la Franja de Gaza. La Rusia democrática recientemente luchó una batalla contra la democrática Georgia.

La razón por la que las democracias occidentales modernas no han librado guerras entre sí tras la Segunda Guerra Mundial tiene que ver con circunstancias históricas muy específicas, sobre la base de las cuales es difícil derivar conclusiones generales. La razón más importante es que se unieron en una alianza militar, la OTAN.

> Con los «derechos» democráticos vienen los deberes democráticos. Tienes derecho a votar y por tanto, la obligación de pelear por la defensa de tu país.

También existe una «ley» que mantiene que «ningún estado en el que exista un McDonald´s combate en una guerra contra otro». Esto pareció correcto por mucho tiempo, hasta que la OTAN bombardeara Serbia en 1999 (contraejemplos más tardíos son la invasión de Líbano por Israel y el conflicto entre Rusia y Georgia). Pero esto significa tan poco como las declaraciones de Clinton y Thatcher.

Se podría argumentar que la democracia ha llevado a la *intensificación* de los conflictos armados. Antes de que la democracia se hiciera popular, hasta el siglo XVIII, los reyes combatían en las guerras con ejércitos de mercenarios. No existía el servicio militar obligatorio y la gente no tenía que pelear u odiar a otras naciones.

Con el auge de los estados democrático-nacionalistas esto cambió. En todos los países democráticos, se introdujo el servicio militar obligatorio general, empezando por Francia en la Revolución Francesa. La población entera fue movilizada

71

para pelear contra los pueblos de otros países. Los reclutas podían usarse de forma sencilla como carne de cañón, pudiendo ser reemplazados por nuevos reclutas.

Puede parecer injusto equiparar la democracia al nacionalismo, pero ambas ideologías se hicieron populares de forma simultánea por una razón. Democracia significa gobierno del «pueblo». Esta noción claramente alberga tendencias nacionalistas. Con los «derechos» democráticos vienen los deberes democráticos. Tienes derecho a votar y por tanto, la obligación de pelear por la defensa de tu país.

No hay que olvidar que la desastrosa Primera Guerra Mundial –que allanó el camino para los estados totalitarios del siglo XX y la Segunda Guerra Mundial– fue librada por países democráticos o semidemocráticos. La Primera Guerra Mundial tuvo lugar en Europa después de que el nacionalismo democrático hubiera reemplazado en gran medida al pensamiento liberal clásico.

También en Estados Unidos la tendencia bélica vino con los demócratas progresistas, quienes empezaran a dominar la opinión pública al final del siglo XIX. Estados Unidos participó en la Primera Guerra Mundial bajo el famoso eslogan del Presidente Wilson «para hacer el mundo seguro para la democracia». Si los estadounidenses se hubieran mantenido fieles a los principios liberales «aislacionistas» de los padres fundadores, Estados Unidos no hubiera entrado en la Primera Guerra Mundial. Entonces, la guerra habría probablemente acabado indecisa. En ese caso, los aliados no habrían podido forzar el gravoso Tratado de Versalles a los alemanes, Hitler podría no haber llegado al poder y la Segunda Guerra Mundial y el Holocausto podrían no haber sucedido nunca.

La democracia tampoco trae necesariamente más «transparencia» o responsabilidad, como se suele afirmar. En efecto, el hecho de que los políticos necesiten votos para ser elegidos fomenta la corrupción. Estos requieren hacer algo por sus constituyentes para ganar votos. Este tipo de corrupción se encuentra particularmente extendido en Estados Unidos, el país de la política *pork barrel* (una forma de clientelismo). Los políticos estadounidenses normalmente no se detienen ante nada para ganar fondos federales o programas para su estado o distrito. Más aún, tienden a ser peones de *lobbies* poderosos, de quienes obtienen el dinero para sus costosas campañas electorales. Además, las «puertas giratorias» de Washington se han hecho famosas, con gente poderosa saltando de la política a los negocios (o al ejército) y de vuelta sin ningún tipo de escrúpulo.

Otros países democráticos muestran formas similares de corrupción. En los países en desarrollo, la democracia va casi siempre de la mano de la corrupción. Lo mismo ocurre en países como Rusia, Italia, Francia o Grecia. La corrupción es casi inevitable allí donde el Estado tiene mucho poder, independientemente del sistema político, y eso ciertamente incluye a la democracia.

Mito 11 - La gente obtiene lo que quiere en una democracia

La idea básica detrás de la democracia es que la gente obtiene lo que quiere. O por lo menos la mayoría. En otras palabras, nos podemos quejar de los resultados de nuestro sistema democrático, pero en último lugar lo que tenemos ahora es lo que queríamos, pues es lo que escogimos democráticamente.

Esto suena bien en la teoría, pero la realidad es diferente. Por ejemplo, podemos suponer que todo el mundo está a favor de una mejor educación. Sin embargo, no estamos recibiendo una mejor educación. Lo que recibimos son maestros acosados, violencia en los colegios, escuelas como fábricas de aprendizaje y estudiantes que ya no son capaces de leer, escribir o hacer cálculos aritméticos. Pero no una mejor educación.

¿Cómo puede ser esto? No es por una falta de democracia; al contrario, es el resultado del propio funcionamiento del sistema. El hecho de que la educación sea gestionada a través del sistema democrático significa que políticos y burócratas dictan cómo debe ser organizada y cuánto dinero debe gastarse en ella. Significa que el rol de los padres, profesores y estudiantes de elegir por sí mismos es minimizado. La intervención estatal significa que las escuelas y las universidades son inundadas con planes, requisitos, reglas y reglamentos del departamento de educación. Esta burocratización no mejora la educación, la empeora.

Cuando la gente se queja de la calidad de la educación, los políticos responden implementando más regulación. ¿Qué otra cosa pueden hacer? La idea de que deberían poner fin a su injerencia no entra en las mentes de los políticos y los funcionarios. Si dejaran de

> *Aun así, en cierto sentido, el libre mercado es más «democrático» que la democracia, porque los ciudadanos pueden tomar sus propias decisiones en lugar de que el gobierno elija por ellos.*

entrometerse, implícitamente admitirían que son superfluos o incluso contraproducentes, lo cual nunca harán, por supuesto. No les interesa. La nueva normativa empeora los problemas al restringir aún más el papel de los estudiantes, padres y maestros. También conduce a una mayor burocracia y a menudo crea incentivos perversos. Por ejemplo, en los Países Bajos los burócratas requirieron a los colegios enseñar durante un número mínimo de horas, ostensiblemente para asegurar la calidad de la educación. Pero ello no hizo nada respecto a la escasez de maestros que sufrían las escuelas, así que terminó con alumnos sentados en las aulas sin hacer nada durante horas. Que el gobierno tratara de manejarlo por números no es sorprendente. Desde fuera lo único que se puede medir es la cantidad. La calidad solo es percibida por los directamente involucrados.

Puede comparase al sistema democrático con las fábricas estatales de la antigua Unión Soviética. Estas eran controladas y administradas centralmente sobre la base de números. A pesar de (o, más bien, a causa de) toda la atención que recibían del Estado, la calidad de la producción era pobre. Ningún coche comunista pudo competir con los modelos occidentales. Esto es, porque la producción era controlada por burócratas y no por los consumidores. ¿Cómo pueden los burócratas saber lo que quieren los consumidores? ¿Y qué incentivos tienen para mejorar?

La planificación central en la Unión Soviética trajo poca innovación tecnológica y cultural. ¿Cuántas invenciones se hicieron en países comunistas? La calidad y la innovación son el resultado de la libre elección y la competencia, no del control central y la coacción estatal. Si las compañías privadas quieren sobrevivir, deben competir o bien reduciendo los precios cuanto sea posible, o bien a través de la innovación, la mejora de la calidad o del servicio. Las empresas estatales no tienen los mismos incentivos al contar con el respaldo del dinero público.

Debido a que nuestro sistema de educación está (parcialmente) organizado a través del sistema democrático, constituye (en esa proporción) un producto estatal, haciéndola similar a las fábricas de propiedad estatal en la Unión Soviética. Por cierto, este ejemplo muestra que la democracia inevitablemente lleva a un cierto grado de socialismo. El libre mercado no opera por medio de procesos democráticos. Aun así, en cierto sentido, el libre mercado es más «democrático» que la democracia, porque los ciudadanos pueden tomar sus propias decisiones en lugar de que el gobierno elija por ellos.

Lo que se aplica a la educación también se aplica a otros sectores que son controlados democráticamente, como la sanidad o el control del crimen.

> *Los políticos siempre ofrecen la misma solución: «dadnos más poder y dinero, y arreglaremos todos los problemas.*

La mayoría de la gente quiere mejor protección contra al crimen. Sin embargo, la democracia no ofrece lo que la gente quiere. La gente vota por políticos que prometen combatir el crimen, pero el resultado suele ser más inseguridad y crimen, en lugar de menos.

En los Países Bajos el crimen per cápita aumentó seis veces entre 1961 y 2001, y cada año 700.000 delitos reportados quedan sin investigar. En muchos de estos casos (al menos 100.000), la policía conoce al delincuente, pero no da seguimiento al caso por falta de tiempo o porque simplemente no le da importancia. Los agentes de policía deben ocupar la mayor parte de su trabajo en papeleo. Aun así, encuentran el tiempo para confiscar cultivos de marihuana y multar a personas por violaciones de tráfico menores.

El pobre desempeño de la policía es resultado directo de que sea democráticamente controlada. A la policía se le ha concedido el monopolio de la aplicación de la ley. Todo el mundo entiende que si a ExxonMobil se le concediera un monopolio en el mercado petrolero, el precio de la gasolina subiría y el servicio caería en picado. Lo mismo se aplica a la policía. Esta es una organización que recibe más dinero cuantos menos criminales atrape. Si fuera exitosa reduciendo el crimen su presupuesto sería reducido y muchos agentes de policía se quedarían sin trabajo. Lo mismo ocurre con todas las organizaciones del gobierno. No se puede ni siquiera culpar a los que trabajan en este sistema. Únicamente los más diligentes y moralmente rectos se comportarían de otro modo, dados los incentivos perversos del sistema.

Aunque la policía no sea muy efectiva en la captura de delincuentes, esta es muy hábil en una cosa: rellenando formularios. Cualquiera que haya denunciado un delito puede dar fe de esto. Difícilmente se les puede culpar – se les bombardea constantemente con nuevas reglas que deben cumplir. En los Países Bajos, de los 7.000 agentes de policía adicionales que comenzaron a trabajar entre 2005 y 2009, solo 127 terminaron en activo en las calles haciendo su trabajo. De acuerdo con la policía, ello fue el resultado de la inmensa carga burocrática creada por las regulaciones gubernamentales.

Para empeorar las cosas, la policía está consiguiendo cada vez más – en lugar de cada vez menos – poderes. Esto es particularmente cierto en Estados Unidos, tras los atentados del 11 S, donde se han dado cada vez más –dudosas- competencias a las organizaciones de aplicación de la ley, tales como los registros corporales preventivos en los aeropuertos, el derecho a las escuchas telefónicas, a la tortura de sospechosos de terrorismo y a ignorar las garantías judiciales que solían darse por sentadas en nuestro ordenamiento jurídico, tales como el habeas corpus.

El hecho de que la educación sea gestionada a través del sistema democrático significa que políticos y burócratas dictan cómo debe ser organizada y cuánto dinero debe gastarse en ella.

¿Existe alguna alternativa a la seguridad vertical que se nos impone? Ciertamente. La alternativa es que los individuos, las empresas, los vecindarios y las ciudades tomen más control sobre la seguridad. El monopolio de la policía debería dar paso a la competencia entre empresas de seguridad. La gente no debería ser obligada a pagar impuestos a favor de la policía estatal y debería poder contratar sus agencias privadas de seguridad. Ello reduciría los precios y aumentaría la cualidad. Incluso ahora, el sector de la seguridad privada está creciendo a buen ritmo, en la medida en que la gente se va dando cuenta de que no puede depender de la policía para su protección.

Y lo que es válido para la educación y la policía, lo es también para otros sectores «públicos», como el de la atención de la salud. Uno solo puede empezar a imaginarse el nivel de innovación que tendría lugar en la sanidad si de verdad se dejara al libre mercado.

El hecho es que la gente por lo general no consigue lo que quiere en la democracia. El principio de la talla única democrática lleva a la centralización, burocratización y monopolización (las características del socialismo). Inevitablemente termina en mala calidad y altos costes.

Si se requiere una prueba de que la democracia no cumple con lo que promete, consideremos el hecho de que en todas las elecciones los propios políticos admiten que el gobierno ha hecho un pésimo trabajo. En cada ocasión estos prometen mejorarlo todo: la educación, la seguridad, la sanidad, etc. Sin embargo, siempre ofrecen la misma solución: «dadnos más poder y dinero, y arreglaremos todos los problemas. Esto, por supuesto, nunca ocurre pues son precisamente los políticos los que con ese poder y dinero causan los problemas.

Mito 12 - Todos somos demócratas

Si la democracia no puede entregar a la gente lo que realmente quiere, ¿cómo es que a pesar de ello la mayoría la apoya? ¿No es todo ciudadano que se precie un demócrata, aun si algunas veces refunfuñe sobre el gobierno?

Bueno, lo último es debatible. Aquello en lo que la gente realmente cree se manifiesta no en lo que *dice*, sino en lo que *hace* cuando tiene una opción. Si alguien a quien solo se le permite comer pollo, afirma adorar el pollo, su alegación no resulta convincente. Ello cambia, sin embargo, si es libre de no comer pollo. Lo mismo ocurre con la democracia. La democracia es obligatoria. Todos tenemos que participar en ella. Los individuos, los pueblos, las ciudades, los condados y los estados deben someterse, y nadie puede «secesionarse». ¿Se mudaría la gente a otra ciudad a veinte millas, si los impuestos fueran más bajos y la burocracia menos intrusiva, aunque no se les permitiera votar allí? Muchos probablemente lo harían. Mucha gente ya «vota con sus pies», y se traslada a regiones más prósperas del mundo donde hay poca o ninguna democracia.

Vivir en una democracia y decir que se está a favor de ella puede sonar como vivir en la Unión Soviética y decir que se prefiere un Lada a un Chevrolet o Volkswagen, aunque no se tenga ni la oportunidad de conseguirlos. Es posible, pero no probable. Del mismo modo que el ciudadano soviético no tenía más opción que el Lada, nosotros no tenemos más opción que la democracia.

De hecho, muchos demócratas no vacilarían en escapar a ciertas medidas que ellos mismos supuestamente eligieron a través de las urnas. Si tuviera elección, ¿realmente pagaría la gente de manera voluntaria su contribución a la seguridad social del Estado, sin saber ni si quiera si las prestaciones seguirán en pie en el momento de su jubilación? ¿Cuántos servicios estatales de mala calidad y alto precio elegiría pagar si tuviera la opción de gastar el dinero de cualquier otra forma que estimara conveniente?

El economista estadounidense Walter Williams reconoció el hecho de que generalmente no queremos que nuestras decisiones individuales se conviertan en decisiones democráticas. Él escribió: «Para poner de relieve lo contrarias a la libertad que son la democracia y la decisión de la mayoría, solo pregúntate cuántas decisiones de tu vida te gustaría que se tomaran de manera democrática. ¿Qué tal si el coche que conduces, el lugar donde vives, la persona con quien te casas o la opción entre comer pavo o jamón el día de acción de gracias se deciden democráticamente? Si estas decisiones se tomaran a través del proceso democrático, la persona promedio lo vería como una tiranía y no como libertad personal. ¿Es menos tiránico que el proceso democrático determine si contratas un seguro sanitario o apartas el dinero para tu jubilación? Tanto por nuestro propio bien, como por el de nuestros hermanos hombres en todo el mundo, deberíamos defender la libertad, no la democracia en que nos hemos convertido, donde un congreso bribón hace cualquier cosa en torno a la cual pueda reunir un voto mayoritario».

El hecho de que muchos defensores de la democracia no creen en las ideas que ellos mismos promueven, puede verse en el comportamiento

La democracia es obligatoria. Todos tenemos que participar en ella. Los individuos, los pueblos, las ciudades, los condados y los estados deben someterse, y nadie puede «secesionarse».

hipócrita de políticos demócratas y funcionarios de gobierno, que, con demasiada frecuencia, no practican lo que predican. Pensemos en los políticos socialistas que critican los altos salarios de los ejecutivos de algunas empresas y luego se unen a las mismas cuando se retiran de la política. O en políticos que predican las bendiciones del multiculturalismo pero viven en vecindarios exclusivamente blancos y envían a sus hijos a escuelas de blancos. O en políticos que votan a favor de guerras a las cuales nunca enviarían sus propios hijos a luchar.

Son varias las razones por las que la gente afirma apoyar la democracia, a pesar de que su propio comportamiento demuestre lo contrario. En primer lugar, es comprensible que algunos atribuyan nuestra relativa prosperidad al sistema político bajo el que vivimos. El razonamiento es el siguiente: somos bastante ricos y vivimos en una democracia, luego la democracia debe ser un buen sistema. Sin embargo, esta es una falacia. Comparémoslo con lo que algunos apologistas de la Unión Soviética decían de Lenin y Stalin. Cierto, estos dictadores pueden haber cometido atrocidades, pero la gente debería estar agradecida, ya que bajo su mando la Unión Soviética se industrializó y se proveyó de electricidad a todos los ciudadanos. No obstante, Rusia habría sido «electrificada» e industrializada en el siglo XX, aunque Lenin y Stalin no hubieran aparecido en escena. Del mismo modo, el progreso de nuestra sociedad no puede simplemente atribuirse a nuestro sistema político. Miremos a China. La economía china ha crecido a una velocidad vertiginosa y el país no tiene democracia. La prosperidad se basa en el grado de libertad económica y de seguridad en los derechos de propiedad de que la gente disfruta, no en el grado de democracia.

Una segunda razón por la que la gente tiende a apoyar nuestro sistema es que le resulta difícil imaginar cómo sería su vida si pudiera quedarse con todo el dinero que ha ganado y no tuviera que pagar impuestos. Podemos ver la autopista pública que utilizamos, pero no somos capaces de ver el nuevo centro de salud que podría haber sido construido con el mismo dinero. Ni siquiera se nos ocurre imaginar las vacaciones que podríamos haber disfrutado si no hubiéramos tenido que pagar por la guerra en Irak. Mucho menos visible es la innovación que hubiera tenido lugar si el gobierno no hubiera interferido con la economía. Y sin embargo, no es imposible especular sobre cómo muchos de los tratamientos nuevos que en un mercado libre habrían sido desarrollados, han sido asfixiados por la burocracia.

A menudo parece como si el gobierno proveyera muchas cosas de forma gratuita como por arte de magia, pero existe un precio oculto a pagar: todas las posibilidades –servicios, productos, innovaciones– que no son creadas, porque los medios para hacerlo han sido usurpados por el Estado. La gente solo ve lo que sale del sombrero del gobierno, no lo que desaparece en él.

Y por último, existe una tercera razón por la que tendemos a pensar que todos somos demócratas. Continuamente se nos dice que lo somos. Nuestras escuelas, medios de comunicación y políticos constantemente nos lanzan el mensaje de que la única alternativa posible a la democracia es la dictadura. Dado este estatus divino, como un baluarte contra el mal, ¿quién osaría oponerse a la democracia?

Mito 13 - No hay ninguna (mejor) alternativa

Si dices que estás en contra de la democracia, la gente inmediatamente sospecha que estás a favor de la dictadura. Pero eso no es más que una tontería. La dictadura no es la única alternativa a la democracia. La alternativa a comprar un coche democráticamente no es que un dictador compre el coche por uno, sino que uno compre el coche por sí mismo.

Winston Churchill dijo: «La democracia es la peor forma de gobierno con excepción de todas las otras que se han probado». En otras palabras, la democracia tiene sus inconvenientes, pero no existe un sistema mejor. En su célebre libro *El fin de la historia y el último hombre*, Francis Fukuyama incluso escribe sobre «la universalización de la democracia liberal occidental como la forma final de gobierno humano». Presumiblemente, nada mejor podría existir nunca.

De esta manera, cualquier crítica de la democracia es cortada de raíz. La democracia supuestamente se levanta «por encima de los partidos políticos e ideologías», y como consecuencia de ese estatus celestial una alternativa mejor resulta inimaginable. Pero esto es pura propaganda. La democracia es una forma específica de organización política. No existe razón para suponer que sea necesariamente el mejor principio organizador. No usamos la democracia en el ámbito científico, no votamos sobre la verdad científica sino que usamos la lógica y los hechos, y por buenas razones. Así que no existe motivo para asumir que la democracia es necesariamente el mejor sistema en el plano político.

¿Por qué no puede organizarse la gente de otra manera que en un estado-nación en el que el «pueblo» manda? ¿En comunidades más pequeñas, por ejemplo? Pero nuestros gobernantes democráticos se oponen firmemente a la descentralización e incluso la imposibilitan. Si la democracia fuera realmente un buen sistema, sería de esperar que a la gente se le diera la opción de unirse –o separarse– voluntariamente de la nación democrática. Dadas las virtudes de la democracia, sin duda se apresurarían todos a ponerse en cola y unirse, ¿no? Pero este no es el caso. En ningún país democrático, incluido Estados Unidos, se permite a los estados y regiones tomar su propio camino.

De hecho, la tendencia en los países democráticos es más bien la opuesta, hacia más y más centralización.

> La alternativa a comprar un coche democráticamente no es que un dictador compre el coche por uno, sino que uno compre el coche por sí mismo.

Europa se está gradualmente convirtiendo en un superestado democrático. Con el dudoso resultado de que ahora los alemanes pueden decidir sobre cómo han de vivir los griegos y viceversa. En esta megademocracia, los países son capaces de cargar a los residentes de otros países con las consecuencias de sus políticas económicas cortoplacistas, del mismo modo en que los ciudadanos en una democracia nacional pueden vivir a expensas de sus conciudadanos. Algunos países malgastan el dinero –no ahorran, miman a sus servidores públicos con generosas pensiones, crean deudas que nunca podrán pagar– y si consiguen que suficientes países de la Unión Europea lo acepten, pueden obligar a los contribuyentes de países mejor gestionados a pagar la cuenta. Esta es la lógica de la democracia a nivel europeo.

Cuanto más grande sea el estado democrático, y cuanto más heterogénea sea la población, mayores tensiones emergerán. Los diversos grupos en tal estado vacilarán poco en usar el proceso democrático para expoliar e interferir tanto como sea posible en la vida de otros para su propio beneficio. Cuanto menores sean las unidades administrativas, y cuanto más homogénea sea la población, mayores serán las probabilidades de que los excesos de la democracia se vean limitados. La gente que se conoce personalmente o se siente conectada entre sí, se sentirá menos inclinada a robar u oprimir a los demás.

Por esta razón sería una buena idea dar a la gente la opción de llevar a cabo una «secesión administrativa». Si a New Hampshire se le permitiera independizarse de Estados Unidos, tendría mucha más libertad para organizar las cosas de forma diferente respecto a, por ejemplo, California. Podría implementar su propio sistema tributario que podría ser igual de favorable a empresarios y empleados. Las regiones competirían unas con otras y las leyes reflejarían mejor lo que la gente quiere. La gente podría «votar con los pies», mudándose a un estado diferente. La gobernanza se haría mucho más dinámica y menos burocrática. Las regiones podrían aprender las unas de las otras pudiendo experimentar con diferentes políticas.

La asistencia social a los pobres, por ejemplo, podría organizarse mucho mejor a nivel local. El control local previene el mal uso y es la mejor garantía de que aquellos que realmente lo necesitan sean los que se beneficien, en lugar de desperdiciar el dinero en gorrones. El desmantelamiento del estado-nación democrático del bienestar también es importante para la integración exitosa de las minorías. Actualmente, muchos inmigrantes viven únicamente del Estado. Tales son los inmigrantes que nadie quiere tener. Pero a casi nadie le importan los inmigrantes que trabajan, son independientes y están dispuestos a integrarse.

Por cierto, Churchill también dijo: «El mejor argumento contra la democracia es una conversación de cinco minutos con el votante promedio».

II. La crisis de la democracia

La democracia puede haber comenzado como un gran ideal para dar poder a la gente, pero después de 150 años de práctica, los resultados están ahí para verse, y no son muy positivos. Ahora parece claro que la democracia es una fuerza más tiránica que liberadora. Las democracias occidentales han seguido el camino de los países socialistas anquilosándose, corrompiéndose y volviéndose cada vez más opresivas y burocráticas. Como hemos intentado demostrar anteriormente, esto ha ocurrido no porque se haya traicionado el ideal democrático, sino al contrario, debido a la naturaleza inherentemente colectivista de este ideal.

Si quieres saber cómo funciona realmente la democracia, considera este ejemplo. George Papandreou, el político socialista griego, ganó las elecciones de su país en 2009 con este simple eslogan: «¡Hay dinero!». Sus oponentes conservadores habían reducido los salarios del funcionariado y otros gastos públicos. Papandreou dijo que esto no era necesario. «Lefta yparchoun», era su grito de campaña –hay dinero–. Ganó las elecciones con facilidad. En realidad no había dinero, claro; o mejor dicho, el dinero tenía que ser suministrado por los contribuyentes de otros países de la Unión Europea. Sin embargo, la mayoría siempre tiene la razón en una democracia, y cuando descubre que puede votar quedarse con las riquezas de otros, inevitablemente lo hace. Esperar lo contrario es ingenuo.

Lo que también nos muestra el ejemplo griego es que la gente en una democracia acude naturalmente al Estado para que la cuide. El poder de la democracia implica el poder del Estado. Como resultado, la gente no deja de demandar cosas al Estado. Se hará más y más dependiente del gobierno para resolver sus problemas y dirigir su vida. Sin importar cuál sea el problema al que se enfrente, esperará que el gobierno se encargue de su solución. La obesidad, el abuso de las drogas, el desempleo, la escasez de profesores y enfermeras, la caída en las visitas a los museos, el Estado deberá estar ahí para hacer algo al respecto. Pase lo que pase –un incendio en un teatro, un accidente de avión o una pelea de cantina– se esperará que el gobierno persiga a los culpables y se asegure de que no vuelva a suceder. Si no se tiene trabajo, se esperará que el gobierno «cree empleo». Si los precios de la gasolina suben, se esperará que el gobierno haga algo al respecto. En YouTube hay un video que muestra una entrevista con una mujer que casi llora de emoción tras escuchar un discurso del presidente Obama. Ella exclama: «¡Ya no tendré que pagar la gasolina de mi coche o mi hipoteca!». Ese es el tipo de mentalidad que engendra la democracia.

Y los políticos están dispuestos a dar a la gente lo que demanda. Son como el hombre proverbial que solo tiene un martillo y lo ve todo como un clavo que golpear. Se ven a sí mismos como la solución a cada uno de los problemas de la sociedad. Después de todo, esa es la razón por la que son elegidos. Prometen «crear empleos», reducir las tasas de interés, aumentar el poder adquisitivo, hacer la vivienda costeable, incluso para los más pobres, mejorar la educación, construir zonas de juegos y campos deportivos para nuestros hijos, garantizar que todos los productos y lugares de trabajo sean seguros, proveer una atención sanitaria asequible y de buena calidad para todos, eliminar los atascos de las carreteras, el crimen de las calles, el vandalismo de los vecindarios, defender los intereses «nacionales» en el resto del mundo, aplicar el «derecho internacional» por todo el mundo, promover la emancipación y luchar contra la discriminación, garantizar la limpieza y calidad del agua y los alimentos, «salvar el clima», hacer del país el más limpio, el más verde y el más innovador del mundo y eliminar el hambre de la tierra. Cumplirán todos nuestros sueños y demandas, nos protegerán desde la cuna hasta la tumba, se asegurarán de que estemos felices y contentos desde temprano en la mañana hasta tarde en la noche y, por supuesto, recortarán el presupuesto y reducirán los impuestos.

Tales son los sueños de los que está hecha la democracia.

Los pecados de la democracia

Obviamente, esto nunca puede funcionar en la realidad. El gobierno no puede lograr todo esto. Al final, los políticos harán lo único que pueden hacer, que es:

1. Lanzar dinero a los problemas.
2. Escribir nuevas leyes y reglamentos.
3. Crear comités que supervisen la implementación de tales normas.

Realmente, no hay nada más que puedan hacer como políticos. Ni siquiera pueden pagar por las cuentas derivadas de sus actividades, las cuales se dejan al pie de los contribuyentes.

Podemos ver las consecuencias de este sistema a nuestro alrededor cada día:

Burocracia. La democracia en todos lados ha dado a luz enormes burocracias, que dominan nuestras vidas con cada vez más poder arbitrario. Puesto que ellas constituyen el gobierno, son capaces de escudarse contra las duras realidades económicas con las que el resto de nosotros tenemos que lidiar continuamente. Sus departamentos no pueden quebrar, ellos mismos difícilmente pueden ser despedidos, y rara vez entrarán en conflicto con la ley, pues ellos son la ley. Al mismo tiempo, ponen una gran carga sobre el resto de nosotros con sus reglas y regulaciones. En todas partes se daña y desmotiva las nuevas empresas con multitud de leyes y costes burocráticos. Las empresas existentes también sufren bajo el peso de la burocracia. En Estados Unidos los costes de la regulación, de acuerdo con la Small Business Administration (la administración de pequeñas empresas) –comprueben que se trata es una agencia gubernamental– son de 1,75 mil millones de dólares por año, según un artículo en Wikipedia. Los más pobres y de menor educación son los que más sufren en este sistema: no pueden encontrar trabajo, porque las leyes de salario mínimo y otras normas que aumentan los costes de trabajo los colocan fuera del mercado laboral. También se les hace muy difícil crear su propio negocio ya que desconocen la jungla burocrática.

Parasitismo. Además de los burócratas y los políticos, hay otro grupo de personas al que le va muy bien en el sistema democrático: aquel que dirige las empresas e instituciones que deben su existencia a la generosidad del gobierno o a privilegios especiales. Pensemos en los gerentes de las compañías del complejo industrial-militar y en los bancos e instituciones financieras que son mantenidas por el sistema de la Reserva Federal. Tampoco olvidemos a la gente de los «sectores subvencionados» –instituciones culturales, televisiones públicas, agencias de ayuda, grupos medioambientales, etc.–, por no hablar de todo el circo de «instituciones internacionales». Muchas de estas personas tienen trabajos lucrativos que deben a sus íntimas conexiones con el gobierno y sus agencias. Esta es una forma de parasitismo institucionalizado instigada por nuestro sistema democrático.

Megalomanía. Frustrado por su incapacidad para cambiar realmente a la sociedad, el gobierno lanza regularmente megaproyectos para ayudar al fallido sector industrial a recuperarse o para servir a algún otro noble propósito. Invariablemente, tales acciones incrementan los problemas y siempre cuestan mucho más de lo previsto. Pensemos en las reformas educativas, las reformas de la salud, los proyectos de infraestructura y los despilfarros energéticos, como el programa de etanol en Estados Unidos o los proyectos de energía eólica en alta mar en Europa. Las guerras también pueden ser vistas como «proyectos públicos», llevados a cabo por el gobierno para desviar la atención de los problemas domésticos, impulsar el apoyo público al gobierno, crear puestos de trabajo para las clases bajas y generar grandes beneficios para las empresas favoritas que a cambio patrocinan las campañas electorales de los políticos y les dan trabajo cuando dejan la vida pública. (No hace falta decir que los políticos nunca se baten personalmente en las guerras que comienzan).

Asistencialismo. Los políticos que son designados para combatir la pobreza y la desigualdad naturalmente perciben como su

> *El principal impulso de los políticos en una democracia es el deseo de ser reelegidos. Por ello, normalmente su horizonte no va más allá de las próximas elecciones.*

deber sagrado introducir continuamente nuevos programas de asistencia social (y nuevos impuestos que paguen por ellos). Esto no solo sirve a sus propios intereses sino también a los de los burócratas encargados de ejecutarlos. La asistencia social constituye una parte sustancial del gasto público en la mayoría de los países democráticos. En Gran Bretaña, el Estado gasta un tercio de su presupuesto en asistencia social. En Italia y Francia, este porcentaje se acerca al 40 %. Muchas organizaciones sociales (por ejemplo, sindicatos, fondos de pensiones públicas o agencias públicas de empleo) tienen un interés en preservar y ampliar el estado de bienestar. Algo típico del funcionamiento del gobierno es que no ofrece alternativa y no celebra contratos con sus ciudadanos. Todo el mundo se ve obligado a pagar los altos seguros de desempleo y las primas de seguridad social, a pesar de que nadie sepa de qué prestaciones disfrutará en el futuro. El dinero que han tenido que pagar ya ha sido gastado. La próxima debacle de la seguridad social es el ejemplo más escandaloso de este tipo de derroche. Y tengamos en cuenta que las ayudas sociales no solo van a los desventajados. Una gran cantidad de «bienestar» va a los ricos, por ejemplo, a los bancos que fueron rescatados con una suma 700 mil millones de dólares (de los cuales una porción fue a los suculentos bonus que sus ejecutivos se autoadjudicaron).

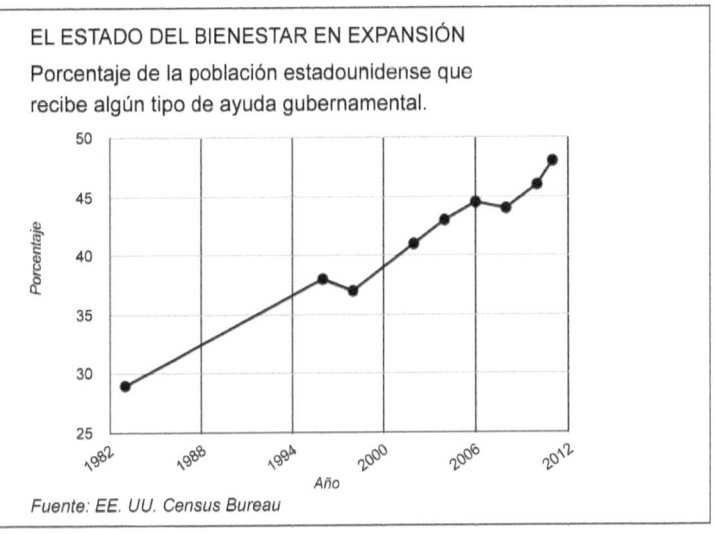

EL ESTADO DEL BIENESTAR EN EXPANSIÓN
Porcentaje de la población estadounidense que recibe algún tipo de ayuda gubernamental.

Fuente: EE. UU. Census Bureau

Comportamiento antisocial y delincuencia. El estado del bienestar democrático fomenta la irresponsabilidad y el comportamiento antisocial. En una sociedad libre, las personas que se portan mal, no cumplen lo que prometen o actúan sin pensar en los demás, pierden la ayuda de sus amigos, vecinos y familia. Sin embargo, nuestro estado del bienestar les dice: «¡Si nadie quiere ayudarte más, lo haremos nosotros!». De esta manera, se premia a la gente por su comportamiento antisocial. Como se acostumbra a que el gobierno le dé todo lo que necesita, desarrolla una mentalidad derrochadora, no estando dispuesta a trabajar por su dinero. Para empeorar las cosas, las rígidas leyes laborales (así como las leyes contra la discriminación) dificultan que los empleadores se deshagan de aquellos empleados que no desempeñan bien su trabajo. Similarmente, las regulaciones gubernamentales hacen casi imposible expulsar a alumnos o despedir a profesores cuando se portan mal o no cumplen con el mínimo requerido. En proyectos de vivienda pública es muy difícil desalojar a los inquilinos cuando causan problemas a sus vecinos. Los locales nocturnos no pueden negar la entrada a grupos que se portan mal a causa de las leyes contra la discriminación. Para añadir el insulto a la injuria, el gobierno a menudo crea caros programas de asistencia para grupos antisociales como los

91

hooligans del futbol. Así, la delincuencia es recompensada y alentada.

Mediocridad y bajos estándares. Debido a que la mayoría en cualquier sociedad tiende a ser más pobre que los miembros más exitosos y competentes de la sociedad, inevitablemente se termina presionando a los políticos para que redistribuyan la riqueza; para que tomen de los ricos y se lo den a los pobres. Así, la democracia conduce al embrutecimiento de la población y a la disminución de los estándares culturales en general. Donde la mayoría manda, el promedio se convierte en la norma.

Cultura del descontento. Los desacuerdos privados son continuamente transformados en conflictos sociales en una democracia. Esto es así porque el Estado interfiere en todas las relaciones sociales y personales. Todo lo que va mal en alguna parte, desde mal funcionamiento de una escuela pública hasta una revuelta local, se convierte en un problema nacional (o incluso internacional) a solucionar por los políticos. Todo el mundo se siente impulsado y motivado a forzar su visión del mundo a los demás. Los grupos que se sienten agraviados organizan manifestaciones o se ponen en huelga. Eso crea una sensación general de frustración y descontento.

Cortoplacismo. El principal impulso de los políticos en una democracia es el deseo de ser reelegidos. Por ello, normalmente su horizonte no va más

> *Los desacuerdos privados son continuamente transformados en conflictos sociales en una democracia. Esto es así porque el Estado interfiere en todas las relaciones sociales y personales.*

allá de las próximas elecciones. Adicionalmente, los políticos elegidos democráticamente trabajan con recursos que no son suyos y que solo están temporalmente a su disposición. Gastan el dinero de otros. Esto significa que no tienen que ser cuidadosos con lo que hacen ni pensar en el futuro. Por estas razones, son las políticas cortoplacistas las que prevalecen en la democracia. Un exministro de Asuntos Sociales holandés dijo una vez: «Los líderes políticos deberían gobernar como si ya no hubiera más elecciones. De esa manera serían capaces de tomar la visión a largo plazo de las cosas». Pero eso es precisamente lo que no pueden hacer, claro. Como apuntara el autor americano Fareed Zakaria en una entrevista: «Creo que estamos ante una crisis real en el mundo occidental. Lo que se ve en toda la sociedad occidental es la incapacidad fundamental para hacer una cosa, que consiste en la imposición de algún tipo de molestia a corto plazo para obtener beneficios a largo plazo. Cada vez que el gobierno intenta proponer algún esfuerzo, hay una revuelta. Y la rebelión es casi siempre un éxito». Debido a que se anima a las personas a comportarse de manera aprovechada al tiempo que se alienta a los políticos a actuar en calidad de inquilinos y no de propietarios, al estar temporalmente en el cargo, este resultado no debería sorprender a nadie. Alguien que alquila o arrienda algo tiene muchos menos incentivos para ser cuidadoso y pensar en el largo plazo que un dueño.

Por qué las cosas no dejan de empeorar

En teoría, la gente podría votar por un sistema diferente, menos burocrático y despilfarrador. En la práctica, esto es improbable, al haber tantas personas con intereses en preservar el sistema. Y a medida que el gobierno poco a poco se hace más grande, este grupo crece con él. Como el gran economista austriaco Ludwig von Mises señaló, la burocracia, en particular, se resistirá con uñas y dientes a cualquier tipo de cambio. «El burócrata no solo es un empleado del gobierno», escribiría Mises. «Él es simultáneamente, bajo una Constitución democrática, un votante y como tal, una parte del soberano, su empleador. Se encuentra en una posición peculiar: es al mismo tiempo empleado y empleador. Y su peculiar interés como empleado se alza por encima de su interés como empleador, pues obtiene mucho más de los fondos públicos de lo que contribuye a ellos. Esta doble relación se hace más importante en la medida en que la gente en la nómina del gobierno aumenta. El burócrata como votante está más ansioso de conseguir un aumento que de mantener el equilibrio presupuestario. Su mayor preocupación es engrosar su nómina».

El economista Milton Friedman dividió el gasto monetario en cuatro tipos diferentes. El primero es el que tiene lugar cuando uno gasta su propio dinero en su propia persona. Se tiene el incentivo tanto de buscar calidad como de gastar de manera eficiente. Esta es la forma en que generalmente se gasta el dinero en el sector privado. El segundo tipo consiste en gastar el dinero propio en otra persona, por ejemplo, al invitar a alguien a cenar. Uno ciertamente se preocupa por lo que gasta, pero está menos interesado en la calidad. El tercer tipo es el que se lleva a cabo cuando uno se gasta el dinero de otro en sí mismo, como cuando se sale a comer a cuenta de la compañía. Uno se sentirá poco incentivado a ser frugal, pero hará un esfuerzo en escoger el plato correcto. El cuarto tipo consiste en gastar el dinero ajeno en otra persona. Entonces no se tiene ningún motivo para preocuparse ni por la calidad ni por el coste. Así es como el gobierno generalmente utiliza el dinero que recauda de los impuestos.

Rara vez se hace rendir cuentas a los políticos por las medidas que han puesto en práctica y que resultan perjudiciales en el largo plazo.

> *El gobierno gasta el dinero ajeno en terceras personas. Por ello, no tiene ningún motivo para preocuparse ni por la calidad ni por el coste.*

Obtienen prestigio y elogios por las buenas intenciones y los resultados inicialmente positivos de sus programas. Las consecuencias negativas a largo plazo (por ejemplo, las deudas a pagar) serán la responsabilidad de sus sucesores. A la inversa, los políticos tienen pocos incentivos para trabajar en programas que deriven en resultados que no sean perceptibles hasta que hayan dejado el cargo, puesto que estos serán adjudicados a los líderes futuros.

Así, los gobiernos democráticos invariablemente gastan más dinero del que reciben. Resuelven este problema subiendo los impuestos, o incluso mejor –ya que los impuestos tienden a generar resentimiento en aquellos que los pagan–, pidiendo prestado o simplemente imprimiéndolo. (Nótese que tienden a pedir prestado a sus bancos favoritos, los mismos que luego son rescatados por el gobierno si se endeudan demasiado). Raramente recortan el presupuesto. Cuando hablan de «recortes», normalmente se refieren *a una desaceleración en el aumento del gasto*.

Imprimir dinero genera inflación, claro está, lo cual implica una constante disminución del valor de los ahorros de la gente. Pedir dinero prestado hace que la deuda pública suba y esta deberá ser pagada con intereses por las generaciones futuras. Actualmente, la deuda pública de casi todas las democracias del mundo se ha hecho tan grande que probablemente nunca sea pagada. Lo que es peor, es que las instituciones, como los fondos de pensiones, han comprado cantidades masivas de deuda pública bajo la presunción de que sería una buena inversión a largo plazo. Esta es una broma cruel. La mayoría de la gente nunca recibirá la pensión con la que ha contado, porque el dinero que puso en los fondos de pensiones ya ha sido desperdiciado.

Sin embargo, a pesar de todos estos problemas que la democracia nos trae, seguimos teniendo esperanza y creyendo que tras las próximas elecciones, todo cambiará. Esto nos deja atrapados en un círculo vicioso: el sistema no entrega lo que promete, las personas se sienten frustradas y demandan mejoras, los políticos inflan sus promesas todavía más, las expectativas se vuelven a elevar, las inevitables decepciones se hacen todavía más grandes, y así una y otra vez. Los ciudadanos en una democracia son como alcohólicos que necesitan beber más y más para emborracharse, lo que cada vez resulta en una resaca peor. En lugar de concluir que deberían de mantenerse lejos del alcohol, quieren más. Han olvidado por completo cómo cuidar de sí mismos y ya no están a cargo de sus propias vidas.

Por qué necesitamos menos democracia

La pregunta es por cuánto tiempo puede continuar esta situación, dado el descontento en la sociedad y la inestabilidad del sistema político y económico. Mucha gente se da cuenta de que hay algo que no va bien en el sistema. Los políticos y los líderes de opinión lamentan la fragmentación del panorama político, la volubilidad del electorado, la superficialidad y sensacionalismo de los medios. Los ciudadanos se quejan de que los políticos no les escuchan, de que no obtienen lo que se les promete y de que el congreso es una farsa, una burla del buen gobierno. Sin embargo, culpan de los problemas a políticos específicos o a cuestiones tangenciales, como la inmigración o la globalización, en lugar de ver las deficiencias inherentes al propio sistema democrático.

En este momento nadie sabe realmente a dónde ir desde aquí. Todos nos hemos quedado atascados en la visión de túnel

> *Los ciudadanos en una democracia son como alcohólicos que necesitan beber más y más para emborracharse, lo que cada vez resulta en una resaca peor.*

llamada democracia. La única «solución» que la gente logra concebir es «más democracia», es decir, más intervención gubernamental. ¿Están los jóvenes bebiendo demasiado? ¡Subamos la edad mínima legal! ¿Están los enfermos crónicos descuidados en los hogares de ancianos? ¡Mandemos más inspectores estatales! ¿Existe una falta de innovación? ¡Creemos una Agencia de Innovación! ¿Aprenden los niños demasiado poco en la escuela? ¡Ordenemos más exámenes! ¿Está aumentando el crimen? ¡Establezcamos un nuevo departamento gubernamental! Regulemos, prohibamos, obliguemos, disuadamos, verifiquemos, inspeccionemos, consintamos, reformemos y, sobre todo, arrojemos dinero al problema.

¿Y qué pasa si nada funciona? Eventualmente se oirá el llamamiento al Gran Líder, al hombre fuerte que pondrá fin a todo el cacareo y traerá la ley y el orden. Hay una cierta lógica en esto. Si todo necesita ser regulado por el Estado, entonces, ¿por qué no dejar que un dictador benevolente lo haga? Adiós a las tramas interminables, la falta de decisión, las riñas, la ineficiencia. Pero esta sería una ganga envenenada. Tendríamos ley y orden, sí. Pero el precio sería el fin de la libertad, el dinamismo y el crecimiento.

Afortunadamente, existe otro camino, aunque mucha gente lo encuentre difícil de imaginar. El camino es: menos democracia, menos Estado, más libertad individual.

Presentar cómo podría verse en la práctica tal ideal es el objeto del último capítulo de este libro.

III. Hacia una nueva libertad

Es una ilusión pensar que los problemas a los que nuestra sociedad se enfrenta pueden resolverse con «más democracia». Por no hablar de que la democracia sea el mejor de todos los sistemas posibles.

La democracia se originó hace mucho tiempo cuando el Estado era relativamente pequeño. Un siglo y medio de democracia, sin embargo, ha dado lugar a una tremenda expansión del Estado en todos los países democráticos. También ha llevado a una situación en la que no solo debemos temer al Estado, sino también a nuestros conciudadanos capaces de esclavizarnos a través de las urnas.

La fe ciega de nuestra sociedad en la democracia no es algo que deba darse por supuesto. Se trata, en realidad, de un fenómeno bastante reciente. Parecerá mentira a muchos lectores, pero los grandes padres fundadores de Estados Unidos –hombres como Benjamín Franklin, Thomas Jefferson y John Adams– estaban, sin excepción, en contra de la democracia. «La democracia», dijo Benjamín Franklin, «son dos lobos y un cordero votando sobre lo que habrá para cenar». «La libertad», añadiría, «es un cordero bien armado cuestionando el voto». Thomas Jefferson dijo sobre la democracia que «no es nada más que el gobierno de las turbas, donde el 51 % de la gente puede quedarse con los derechos del otro 49 %».

No estaban solos. La mayoría de los intelectuales liberales y conservadores de los siglos xviii y xix, incluidos pensadores famosos como Lord Acton, Alexis de Tocqueville, Walter Bagehot, Edmund Burke, James Fenimoore Cooper, John Stuart Mill y Thomas Macaulay, se oponían a la democracia. El célebre pensador conservador Edmund Burke escribió: «Estoy, en todo caso, seguro de que en una democracia la mayoría de los ciudadanos son capaces de ejercer la opresión más cruel sobre la minoría… Esta opresión de las minorías se extenderá a un mayor número de individuos y será ejercida con mucha más brutalidad, de lo que se puede temer, de una manera general, de la dominación de un solo cetro».

Thomas Macaulay, el célebre pensador liberal británico, expresó sentimientos similares: «He estado mucho tiempo convencido de que las instituciones puramente democráticas terminan antes o después por destruir la libertad, la civilización o ambas cosas». Estas eran ideas perfectamente aceptables en aquellos días, como Erik Ritter von Kuehnelt-Leddihn muestra en su libro *Libertad o igualdad* (1951).

Durante el final del siglo xix y el principio del siglo xx, sin embargo, el ideal liberal clásico fue poco a poco empujado a un segundo plano y remplazado por la fe en el colectivismo – la noción de que el individuo debe subordinarse al grupo–. El liberalismo fue remplazado por varias formas de colectivismo – comunismo, socialismo, fascismo y democracia–. Esta última es la que ahora suele pasar por nuestra idea de «libertad». Pero como hemos demostrado en este libro, es totalmente erróneo equiparar la democracia con la libertad. Como los pensadores liberales clásicos reconocieran en el pasado, la democracia es en realidad una –bastante astuta– forma de socialismo. Lo que queda de nuestra libertad se lo debemos a la tradición liberal clásica que sigue viva en Occidente, no a la democracia.

Esta tradición liberal clásica, no obstante, se encuentra bajo mucha presión. Con cada nueva generación que crece en un ambiente diariamente inundado por la propaganda democrática, parte de nuestra herencia liberal se muere. Ya nadie se sorprende cuando algunas mujeres demandan cuotas en los consejos de administración de las empresas, cuando el Estado prohíbe fumar en los bares o cuando el gobierno decide lo que se enseña a nuestros hijos en la escuela. No es que todo el mundo esté de acuerdo en estas cuestiones; lo que ocurre es que todos ven como algo perfectamente normal que el gobierno decida en dichos asuntos. Es difícil encontrar alguna oposición al hecho de que vivamos en un sistema que interfiere en todos los más mínimos detalles de nuestras vidas.

No existe una oposición de principio a la noción de que se deba decidir democráticamente cómo debemos vivir.

La descentralización y la libertad individual

¿Es una alternativa a la democracia posible? ¿Una sociedad sin un Estado dominante, sin el gobierno de la mayoría, una sociedad libre y cooperativa?

Desde luego. Dicha alternativa es una necesidad urgente, si no queremos deslizarnos hacia la tiranía y el estancamiento. El mundo occidental necesita un nuevo ideal. Un ideal que combine la libertad individual y su dinamismo con la armonía social.

Tal ideal no es una utopía. Se puede lograr. Lo primero que hay que hacer es reducir el papel del Estado. La gente tiene que recuperar el control sobre su

> *¿Por qué no un mercado para la gobernanza, donde los gobiernos tengan que competir, y donde los ciudadanos puedan cambiar fácilmente un área gubernamental donde vivir y trabajar por otra?*

propia vida y los frutos de su trabajo. Sin normas intrusivas e imposición, la gente creará comunidades habitables, seguras y sostenibles. ¿Por qué no ha de poder gastar su dinero como le plazca y comprar el seguro, la sanidad y la educación que prefiera? ¿Cuál es el gran desastre que nos sobrevendrá si esto llegara a suceder? ¿Por qué debe el Estado tomar el dinero de la gente a través de impuestos y decidir en su lugar? Debe devolverse a las personas la libertad de escoger por sí mismas, de resolver sus problemas como estimen conveniente – individualmente, o probablemente, más a menudo, cooperativamente–. Pues sin cooperación el orden y el progreso son imposibles. Pero la cooperación solo puede funcionar realmente sobre una base voluntaria, fundada en el consentimiento mutuo.

La gente debe recuperar el control sobre los frutos de su propio trabajo. Debe tener la libertad de crear sus propias comunidades locales –religiosas, comunistas, capitalistas, étnicas u otras–. Estas pueden ser gobernadas «democráticamente» o no, según lo quieran sus residentes.

Un mercado para el gobierno

Patri Friedman, el nieto del Premio Nobel Milton Friedman, dijo una vez: «El gobierno es un sector con una barrera de entrada muy alta. De hecho, debes ganar unas elecciones o iniciar una revolución para probar alguna nueva forma de gobierno».

Existen ciertamente pocas opciones y competencia en el gobierno. La gente considera que es importante que compitan las empresas. Espera un mercado libre y flexible para los coches, la ropa y los seguros con muchos proveedores diferentes. Entonces, ¿por qué no un mercado para la gobernanza, donde los gobiernos tengan que competir, y donde los ciudadanos puedan cambiar fácilmente un área gubernamental donde vivir y trabajar por otra? Hoy en día, la gente se puede mudar de ciudad, pero debido a que la mayoría de los impuestos y leyes provienen del gobierno federal, esto no cambia nada. Para obtener otro tipo diferente de gobernanza, la gente se ve forzada a emigrar, lo cual supone una enorme barrera.

Sabemos que las empresas tienen una tendencia a formar monopolios y cárteles, con el fin de reducir la competencia. Pero los gobiernos tienen esa tendencia también. Observemos la concentración de poder en Washington o Bruselas. En un mercado libre, sin embargo, siempre es posible crear una nueva empresa para desafiar a los monopolios y carteles existentes. Es por eso que los monopolios tienden a ser de corta duración en el sector privado. Cuando los monopolistas piden altos precios o abusan de su posición en el mercado, animan a otras empresas a entrar en ese mercado.

En el gobierno tal competencia no existe. Como verdaderos monopolistas, los políticos no quieren competencia en materia de gobernanza. Ellos prefieren que todos los asuntos sean decididos colectivamente a nivel central. «La inmigración ilegal solo puede resolverse en un contexto europeo», dirán. O bien: «La crisis de la deuda solo puede abordarse a nivel internacional», o «el terrorismo únicamente puede ser combatido por una agencia central poderosa». Sin embargo, existen muchos pequeños países en el mundo que no forman parte de ningún bloque y no sufren crisis económicas o terrorismo. Del mismo modo se supone que debemos creer que la educación, la sanidad, las finanzas, la seguridad social, etc., deben ser coordinadas y reguladas como mínimo a nivel nacional. Pero no existe ninguna razón para que esto sea así.

La descentralización sería beneficiosa para muchos grupos de la sociedad. Con la autonomía local,

> *La descentralización, a diferencia de la democracia nacional, es un sistema de «vivir y dejar vivir».*

los pensadores progresistas pueden poner sus ideas progresistas en práctica mientras que los pensadores conservadores pueden hacer lo mismo con sus valores, sin forzar a otros a ajustarse a su estilo de vida. Las personas que deseen crear una comunidad eco-*hippie* pueden vivir de acuerdo a sus sueños. A su propia costa, claro. Una comunidad religiosa que quiera mantener sus tiendas cerradas en domingo puede hacerlo. Las tallas únicas son innecesarias e indeseables. La descentralización, a diferencia de la democracia nacional, es un sistema de «vivir y dejar vivir». Por lo que dejemos florecer a mil naciones.

La diversidad en el gobierno implica que las personas puedan decidir más fácilmente en qué sistema vivir. Pueden irse a otro municipio o condado si desean una gobernanza diferente. Esa competencia asegura la responsabilidad de los gobernantes, lo cual es difícilmente el caso cuando se restringe la influencia del ciudadano a las elecciones cada cuatro años. Aun cuando solo unos pocos ciudadanos se muden a otra área, habrá un fuerte incentivo para que los gobernantes mejoren sus políticas.

Si no todo se determina centralmente, las regiones pueden elegir la dirección que mejor se adapte a sus circunstancias y preferencias. Por ejemplo, un área concreta puede optar por reducir considerablemente los impuestos y regulaciones a fin de estimular la actividad económica. El historiador americano Thomas E. Woods señala que la libertad política nació en Europa occidental, precisamente a causa de la fragmentación y diferenciación que allí reinó históricamente. Una multitud de pequeñas jurisdicciones hicieron posible que la gente huyera de lugares opresivos a lugares más liberales. Los gobernantes tiránicos se encontraban entonces forzados a aumentar el nivel de libertad.

La descentralización en Suiza

Suiza demostró hace tiempo que la descentralización puede funcionar bien. La gente a menudo piensa que el tamaño y la centralización traen prosperidad y otra serie de beneficios. Sin embargo, Suiza, que no es miembro ni de la Unión Europea ni de la OTAN, prueba lo contrario. Con casi ocho millones de habitantes, este país cuenta más o menos con la población de Virginia, y su gestión es altamente descentralizada. 26 cantones –condados– compiten entre sí y disfrutan de una gran autonomía. Los cantones fueron alguna vez estados separados e independientes, y algunos tienen menos de 50.000 habitantes. Además existen 2.900 municipios en Suiza –el más pequeño con solo una treintena de habitantes–. Esta es mucha más descentralización de la que encontramos en la mayoría de los demás países europeos. La mayor parte de los impuestos sobre la renta se pagan al municipio y el cantón, no al gobierno federal. Los municipios y los cantones difieren significativamente en cuanto a impuestos y regulación y, por tanto, compiten por el favor de los ciudadanos y las empresas.

Es bien sabido que Suiza es un país muy exitoso. Se encuentra entre los mejores puestos en términos de esperanza de vida, empleo, bienestar y prosperidad. Es uno de los pocos países en el mundo que no ha experimentado una guerra en más de un siglo. A pesar de la existencia de cuatro idiomas (alemán, francés, italiano y romanche), existe una gran armonía social, en marcado contraste con la situación belga donde las tensiones y los conflictos de intereses entre los flamencos de habla holandesa y los valones de habla francesa no dejan de amenazar con la ruptura del país. Mientras los flamencos se quejan de tener que pagar por los menos afluentes valones, los suizos viven sin fricciones gracias a su sistema descentralizado.

Cierto es que Suiza es una democracia, sin embargo, el país contiene tantas diminutas unidades democráticas que consigue evitar muchos de los efectos negativos de la democracia parlamentaria nacional.

Suiza también muestra cómo la posibilidad de secesión reduce las tensiones. En los años setenta, los habitantes de habla francesa del cantón de Berna no se sentían bien representados en el área de habla predominantemente alemana donde vivían. Así, en 1979 las comunidades de habla francesa se separaron y formaron el cantón de Jura. A lo largo de los siglos, las disputas entre los diferentes grupos étnicos y lingüísticos han sido resueltas pacíficamente de esa manera. Como los cantones y comunidades suizas son pequeños, la gente no solo puede votar en las urnas. También puede mudarse si se siente insatisfecha con el gobierno. De esta manera, las malas políticas son expulsadas por las buenas políticas.

Esto no significa que defendamos el modelo suizo como lo ideal o la única opción. Pero es un ejemplo que muestra cómo el gobierno descentralizado podría funcionar y cómo llevaría a una mayor libertad individual. Tampoco queremos decir que la democracia sea algo bueno siempre y cuando se mantenga pequeña. Una democracia de tres personas sigue siendo injusta si una no puede salirse de ella. Ello puede tener los mismos efectos negativos que una democracia de diez millones de habitantes.

Lo que importa es que la gente pueda determinar el tamaño de las unidades administrativas en las que quiere vivir y qué forma de gobierno tener. No tiene por qué ser una democracia. Liechtenstein (160 km2), Mónaco (2 km2), Dubái, Hong Kong (1.100 km2) y Singapur (720 km2) no son democracias parlamentarias. Pero tienen éxito. Estos países demuestran que muchas veces «lo pequeño es bello».

Uno podría pensar que el derecho a la secesión y el autogobierno generan conflictos. Sin embargo, no tiene por qué ser así. Consideremos cómo funciona el libre mercado. Todos tienen derecho a crear una empresa. Aun así, la mayor parte de la gente trabaja como empleada para otras empresas. Esta cooperación trae beneficios para todas las partes. Lo mismo se aplica a los países. La gente puede optar por ser independiente, pero la mayoría encontrará en su propio interés unirse a una sociedad. Y las diversas sociedades también lo encontrarán en su interés cooperar. Cierto, las economías de escala pueden reducir los costes, pero a qué nivel ocurrirá esto solo puede ser determinado si se deja a la gente elegir.

La secesión no tiene por qué conducir a la autonomía administrativa total de inmediato. Cualquier forma de descentralización en la que ciertas responsabilidades fueran transferidas del gobierno central al local podría considerarse como secesión política. Esta podría ser una forma atractiva (transicional) entre la secesión completa y la situación actual.

La manera en que esto podría funcionar puede verse en el ejemplo de las llamadas Zonas Económicas Especiales como Shenzhen que el gobierno chino creó en los ochentas y noventas. Estas regiones tenían poca regulación, permitían algunas inversiones extranjeras y prepararon el camino para que el resto de China se hiciera más libre. Dubái también ha creado zonas de libre mercado donde existen muy pocas regulaciones al comercio y el trabajo. Tales Zonas Económicas Libres podrían servir de modelo para las Zonas Políticas Libres, es decir, para las áreas donde la gente pueda experimentar con diversas formas de gobierno.

La sociedad contractual

La gente suele pensar que si el Estado no provee algo (por ejemplo, si no paga por la ópera o el cuidado de los ancianos), ello no será provisto. Pero esa es la mentalidad de la gente en la antigua Unión Soviética que se preguntaba: ¿dónde estaríamos si el Estado dejara de ocuparse de nosotros? Cuando el economista estadounidense Milton Friedman visitó la China comunista, unos funcionarios le preguntaron a propósito del secretario de Recursos Naturales americano. Cuando les dijo que tal persona no existía, lo miraron incrédulos. No podían imaginar que la producción y distribución de las materias primas fuera posible sin el control del gobierno.

En el pasado, la gente no podía imaginar cómo sería la vida sin un rey. Se esperaba que el rey solucionara los problemas de los súbditos. Ahora vemos al Estado y la democracia de la misma manera. Hoy en día a la gente le cuesta imaginar que los ciudadanos –antes del advenimiento de la democracia– aceptaran la autoridad de un rey. Pero extrañamente aceptan la autoridad de la mayoría sin un murmullo.

> *Hoy en día a la gente le cuesta imaginar que los ciudadanos –antes del advenimiento de la democracia– aceptaran la autoridad de un rey. Pero extrañamente aceptan la autoridad de la mayoría sin un murmullo.*

Sin embargo, observamos que la autoorganización sin coacción y control desde arriba ocurre a nuestro alrededor todos los días. A menudo, contrariamente a lo esperado. Nadie pensó que algo tan anárquico como Wikipedia, la enciclopedia del Internet, podría tener éxito sin un control central. Pero funciona. Todo el Internet es una colección de numerosos individuos, organizaciones y tecnologías independientes que trabajan juntos sin una administración central. Al principio de esta red mundial muchos no podían creer que no tuviera dueño y que se basara en acuerdos voluntarios individuales entre miles de organizaciones (servidores de Internet, empresas, instituciones, etc.), cada una de las cuales en control de una fracción de la red.

De hecho, nuestro ideal de una sociedad libre sería muy similar al modelo en el que se basa el Internet. Con el Internet, solo son aplicables unas cuantas sencillas reglas; el resto está abierto para que cada uno participe como quiera. La regla principal es la de la comunicación a través del protocolo de Internet TCP/IP. Sobre esta base, millones de compañías, organizaciones e individuos son libres de hacer lo que les parezca –establecer sus propios dominios, ofrecer sus servicios y comunicarse del modo que prefieran–. Las personas también pueden crear nuevos protocolos sobre el TCP/IP y averiguar si otros quieren seguir su ejemplo. Pueden crear nuevos servicios y ver si son capaces de encontrar clientes. Esta diversidad, libertad y autoorganización en Internet ha demostrado funcionar sorprendentemente bien.

Del mismo modo, en una sociedad libre, la regla principal consiste en no cometer fraude, violencia o robo. Mientras la gente se apegue a

> *Una sociedad libre sería muy similar al modelo en el que se basa el Internet. Con el Internet, solo son aplicables unas cuantas sencillas reglas; el resto está abierto para que cada uno participe como quiera.*

esta regla, puede ofrecer cualquier servicio, incluso aquellos que hoy en día son vistos como servicios «públicos». También puede crear sus propias comunidades como estime conveniente –monárquicas, comunistas, conservadoras, religiosas o incluso autoritarias– siempre y cuando sus «clientes» se unan voluntariamente y dejen a otras organizaciones en paz. Y tales comunidades pueden ser tan pequeñas como diez personas o tan grandes como un millón.

(Nótese que una compañía privada como Wal-Mart tiene dos millones de empleados).

Cuando se tienen numerosas unidades administrativas diferentes, la gente es capaz de mudarse cuando algo no le gusta y los gobernantes son muy conscientes de ello. Sus habitantes no son meramente ciudadanos a los que ocasionalmente se les permite votar, sino clientes a los que tienen que servir bien, si es que pretenden mantenerlos. Lo mismo sucede en el mercado. Si a los clientes no les gusta lo que el panadero ofrece, no organizan protestas para influir en el dueño, simplemente acuden a otra panadería.

Es más probable que las sociedades pequeñas se basen en acuerdos claros que en la influencia a través de las urnas. En Estados Unidos y otros países democráticos, ningún ciudadano tiene un contrato con el gobierno especificando sus obligaciones mutuas, es decir, lo que el gobierno ha de ofrecer y a qué precio.

> *En Estados Unidos y otros países democráticos, ningún ciudadano tiene un contrato con el gobierno especificando sus obligaciones mutuas, es decir, lo que el gobierno ha de ofrecer y a qué precio.*

Pensemos en cuestiones como las pensiones, la sanidad, la educación, los subsidios, las leyes laborales, etc. Los ciudadanos tienen una obligación vaga e indefinida de pagar impuestos y de atenerse a las normas, mientras que el gobierno tiene una obligación indefinida de prestar servicios. Y el gobierno puede cambiar las reglas en cualquier momento, independientemente de los resultados de las elecciones. Esto genera una inseguridad jurídica considerable. Puedes haber pagado las cotizaciones a tu pensión durante años con la expectativa de que el día de tu jubilación recibirás ciertas prestaciones. Sin embargo, el gobierno puede cambiar el monto de aquellas prestaciones a golpe de pluma. O puedes poner una habitación en alquiler, pensando que puedes cancelar el acuerdo en un momento determinado, cuando de repente el gobierno decide que se aplicarán diferentes condiciones en relación a la duración de los contratos de alquiler.

Una sociedad decente debería basarse en contratos en los que se respeten los derechos y todas las partes sepan a qué atenerse. En los que las reglas no puedan cambiarse a medio partido por los gobernantes. Y esos contratos no necesariamente tienen que ser iguales para todo el mundo. Al igual que con los empleados de una empresa, diferentes ciudadanos podrían tener diferentes contratos dependiendo de la zona donde vivieran o trabajaran.

El camino a la libertad

Si el progreso tecnológico es una indicación de los desarrollos futuros, entonces el prospecto de la descentralización es brillante. Una invención tecnológica como el coche liberó a la gente en su movilidad. La invención de la píldora ofreció más libertad sexual a la gente y más control sobre su vida a las mujeres. La llegada del Internet puso fin al dominio de la élite de los medios de comunicación. Ahora todo el mundo puede publicar noticas, enviar ideas al mundo o vender productos en Internet.

De hecho, la tecnología es una fuerza verdaderamente democratizadora, mucho más que el propio sistema democrático. Mientras la democracia da poder a la mayoría para gobernar sobre la minoría, la tecnología tiende a ofrecer a los individuos poder sobre sus propias vidas. La democracia quita poder a los individuos, la tecnología los fortalece. Es una fuerza descentralizadora que puede volver al intermediario, el gobierno, superfluo en materias como la comunicación, las finanzas, la educación, los medios y el comercio. Y puesto que el libre mercado abarata la tecnología, ofrece cierto control sobre su propio destino incluso a los más pobres. Incluso en África millones de personas acceden hoy en día a nuevas oportunidades, no por la ayuda al desarrollo, sino gracias a las computadoras y los teléfonos móviles cuyos precios no dejan de bajar.

Así, la humanidad ha experimentado un gran progreso durante el último siglo, no a causa de la democracia, sino gracias a la tecnología y la libre empresa. Dispositivos tales como el PC o el iPhone han traído capacidades tecnológicas avanzadas al alcance del individuo y han contribuido a su emancipación. A través de servicios como Facebook, los individuos son capaces de escoger a qué contextos sociales pertenecer, incluso más allá de las fronteras y sin interferencia del gobierno. Además, el desarrollo del inglés como idioma universal y la posibilidad de viajar barato han hecho del mundo un lugar más «pequeño», facilitando la migración a otros países.

Todo esto implica que la competencia en materia de gobierno podría funcionar muy bien. La gente ya elige cada vez más dónde trabajar o vivir y bajo qué tipo de gobierno. Millones de personas viven o trabajan en el extranjero. Un mundo con muchas pequeñas unidades gubernamentales, cada una con sus propias características, estaría en línea con esta evolución. Estas pequeñas unidades podrían decidir cooperar en temas determinados, si eso les beneficiara, por ejemplo, en energía, inmigración o transporte. También podrían cooperar en defensa, lo que podría ser importante si un estado grande apareciera y tuviera la intención de aplastar a las sociedades más pequeñas. Las sociedades económicamente exitosas e innovadoras probablemente encontrarían formas inteligentes de defenderse contra este tipo de agresión.

> *De hecho, la tecnología es una fuerza verdaderamente democratizadora, mucho más que el propio sistema democrático.*

La nueva tecnología permite incluso la creación de países completamente nuevos. La organización de Seasteading (de la ocupación del mar), cofundada por el previamente mencionado Patri Friedman, está tratando de construir islas artificiales en aguas internacionales. Estas islas pueden ofrecer alternativas a las formas de gobierno existentes.

Para lograr la descentralización, nuestro sistema político actual necesita cambios radicales, pero estos no son tan difíciles de realizar como uno pudiera pensar. Las grandes organizaciones gubernamentales pueden ser desmanteladas. Los ministerios de educación, sanidad, asuntos sociales, asuntos económicos, agricultura, relaciones exteriores, ayuda al desarrollo y finanzas pueden ser descartados. Una sociedad solo necesita servicios públicos básicos para garantizar la ley y el orden, y para hacer frente a las cuestiones medioambientales.

El estado del bienestar puede convertirse en un sistema privado de seguros. Esto daría a los ciudadanos libertad y seguridad. Podrían contratar su seguro individualmente o colectivamente a través de los sindicatos o de las compañías para los que trabajen. El seguro estatal que conocemos es objeto de constantes cambios arbitrarios por el gobierno. La seguridad que el Estado promete es falsa y está sujeta al capricho de los políticos. Esto debe parar. El cuidado de los pobres y necesitados puede ser proporcionado a nivel local.

El control gubernamental de nuestro sistema financiero debe ser abolido, de modo que los gobiernos ya no puedan erosionar el valor de nuestro dinero y provocar auges y depresiones. De esta manera, se crearía un mercado financiero justo, más allá de las manipulaciones de los estados poderosos y las organizaciones financieras que les son afines.

En resumen, el gran estado democrático nacional debe dar paso a pequeñas unidades políticas en las que los propios ciudadanos puedan elegir cómo quieren moldear su sociedad. Siempre que sea posible, debe decidirse localmente en el nivel administrativo más bajo posible.

Si eso significa el fin de la Unión Europea, tanto mejor. A los políticos en Europa les encanta pintar escenarios apocalípticos de lo que sucedería si cayera la Unión Europea. Sin embargo, a países como Noruega o Suiza, que nunca han sido miembros de la Unión Europea, les va muy bien por su cuenta.

A veces se argumenta que la Unión Europea asegura el libre mercado entre los países europeos. Si eso fuera todo lo que hiciera, estaría muy bien, pero hace mucho más que eso. El «mercado interno», creado por Bruselas, no tiene nada que ver con la libertad económica. Todo lo contrario. La Unión Europea prácticamente rezuma leyes y regulaciones que restringen la libertad económica. Se trata de un superestado en construcción que destruirá la libertad tanto de sus empresas como de sus ciudadanos. La Unión Europea representa lo opuesto a la descentralización; constituye el epítome de la centralización, un monstruo burocrático impracticable, donde la libertad individual se encuentra incluso más amenazada que en la democracia nacional. Cuanto más pronto sea abolida, mejor.

Un futuro brillante

En muchos sentidos, el futuro parece brillante. La humanidad ha acumulado un gran conocimiento y una gigantesca capacidad productiva –más que suficiente para crear prosperidad para todos en el mundo–.

Además, tras el colapso de los sangrientos regímenes comunistas y fascistas del siglo xx, tales como la Unión Soviética, China y otros países, encontramos una tendencia global hacia mayores cotas de libertad. Grandes grupos de personas han ganado más libertad personal y económica, llevando a una mayor prosperidad y bienestar. Otros se están levantando contra las dictaduras y exigiendo más libertad. No hay razón para que esta tendencia no continúe.

Puede resultar difícil de imaginar la posibilidad de una vida sin el estado-nación democrático, pero cambios radicales similares ya han tenido lugar en el pasado. Como Linda y Morris Tannehill escribieran en su libertario y antidemocrático libro, el clásico *Un mercado para la libertad* (1970): «Imaginemos a un siervo feudal, legalmente atado a la tierra y a la posición en que nació, arando desde el alba hasta el ocaso con herramientas primitivas para una simple subsistencia que debe compartir con el señor de su tierra; imaginemos sus procesos mentales enredados de miedos y supersticiones. Imaginemos tratar de contarle a este siervo sobre la estructura social de la América del siglo xx. Probablemente nos costaría mucho convencerle de que tal estructura pueda existir en absoluto, pues vería todo lo que describimos desde el contexto de su propio conocimiento de la sociedad. Él nos informaría, sin duda con algún deje de superioridad, que, a menos que cada individuo nacido en la comunidad tenga un lugar social específico y permanente, la sociedad se sumergirá rápidamente en el caos. De forma similar, decirle a un hombre del siglo xx que el gobierno es malo y, que por tanto, también innecesario, y que tendríamos una sociedad mucho mejor si no existiera en absoluto, probablemente cause escepticismo…, sobre todo si el hombre no está acostumbrado a pensar de manera independiente. Siempre es difícil imaginar el funcionamiento de una sociedad diferente a la nuestra, especialmente si es una sociedad más avanzada. Esto se debe a que estamos tan acostumbrados a nuestra propia estructura social que tendemos a considerar automáticamente cada faceta de la sociedad más avanzada en nuestro contexto, lo que distorsiona dicha imagen y le hace perder el sentido».

Nosotros creemos que el estado-nación y la democracia que lo acompaña son fenómenos del siglo xx, no del siglo xxi. El camino hacia la autonomía y el empoderamiento continuará, pero no será a través de vastas democracias. Será a través de la descentralización y la organización en unidades administrativas más pequeñas, diseñadas por la propia gente.

Algunos pueden argumentar que la mayoría de la gente no es capaz de ser libre. Que no tiene ni la responsabilidad ni el deseo de vivir una vida independiente. Que debería ser gobernada por su propio bien. Pero este es el mismo argumento que fue utilizado contra la abolición de la esclavitud o la emancipación de las mujeres. La esclavitud no debería ser abolida, se decía, porque los negros serían incapaces de cuidarse a sí mismos y, en cualquier caso, la mayoría ni siquiera quiere ser libre. Las mujeres no deberían tener los mismos derechos, se decía, porque son incapaces de ganarse su propia vida y de lidiar con las demandas de la vida independiente. Pero la realidad probó lo contrario. Ocurrirá lo mismo cuando el democrático papá estado sea abolido. La gente se volverá sorprendentemente independiente cuando se le dé la oportunidad. Por supuesto, no decidirá vivir atomizadamente, sino que se autoorganizará en grupos de su propia elección, en empresas, clubes, sindicatos, asociaciones, grupos de intereses especiales, comunidades y familias.

Liberado del control sofocante de la burocracia y del mando de la mayoría, el mundo cambiará en formas que ahora no podemos prever. Como Linda y Morris Tannehill lo ponen: «Muchas de las condiciones adversas que la gente da por sentado hoy serían diferentes en una sociedad totalmente libre de gobierno. La mayoría de estas diferencias surgiría del mercado liberado de la mano muerta del control gubernamental –tanto fascista como socialista – y, por lo tanto, capaz de producir una economía saludable y un significativamente mejor nivel de vida para todos».

Es hora de que la gente despierte y vea el hecho de que la democracia no lleva a la libertad o a la autonomía. No resuelve

Por sí misma, la gente prefiere la libertad a la coacción. Prefiere tener una elección directa en el libre mercado a limitarse a indicar su preferencia en las urnas.

conflictos y no desencadena las fuerzas creativas y productivas de la sociedad. Al revés. La democracia crea antagonismo y restricciones. Los aspectos centralistas y coactivos de la democracia resultan en caos organizado, mientras que la libertad individual y la dinámica del mercado no controlado dan lugar al orden espontáneo y la prosperidad.

Por sí misma, la gente prefiere la libertad a la coacción. Prefiere tener una elección directa en el libre mercado a limitarse a indicar su preferencia en las urnas. ¿Conocemos a alguien que prefiera que su coche sea elegido por el gobierno a decidirlo por sí mismo?

Ya es tiempo de que la gente se dé cuenta de que la libertad que desea para sí misma, también debe ser otorgada a otros. Que su libertad no puede durar si los demás no gozan de ella. Que al final se convertirá en la víctima de la coacción que ella misma –democráticamente– ejerza sobre otros. Que caerá en una trampa de su propia creación.

Un movimiento hacia una menor democracia y una mayor libertad puede parecer aterrador para algunos. Todos hemos crecido en estados nacionales democráticos y hemos estado incesantemente expuestos a las ideas social-demócratas. Se nos ha enseñado que nuestra sociedad es «el mejor de los mundos posibles».

Sin embargo, la realidad es menos atractiva. Es hora de que enfrentemos la realidad. El gobierno no es un benévolo Santa Claus. Es un monstruo egoísta e impertinente que nunca estará satisfecho y que terminará por sofocar la independencia y autonomía de sus súbditos. Y ese monstruo es mantenido por la democracia: por la idea de que la vida de cada ser humano puede ser controlada por la mayoría.

Ya es tiempo de abandonar la idea de que el pueblo –y por tanto el Estado– tiene derecho a mandar. De que estaremos mejor si los gobiernos determinan cómo debemos vivir y gastar nuestro dinero en lugar de hacerlo nosotros. De que la ideología democrática de talla única traerá armonía y prosperidad. De que nos beneficiamos de la coacción democrática.

Ha llegado el momento de liberarnos de la tiranía de las mayorías. No tenemos nada que perder más allá de las cadenas que nos apresan los unos a los otros.

Epílogo
El libertarismo y la democracia

Nuestra crítica de la democracia ha sido escrita desde la perspectiva libertaria. El libertarismo es una filosofía política basada en la propiedad de uno mismo, es decir, el derecho de cada individuo a su propio cuerpo y vida y, por tanto, a los frutos de su propio trabajo. La alternativa al autogobierno es que algunos gobiernen sobre la vida y el trabajo de otros (o – pero esto es muy irrealista– que todos gobiernen sobre todo el mundo). De acuerdo con el libertarismo, tal situación es injusta. El libertarismo se basa en el principio de que los individuos no tienen la obligación de sacrificarse a favor del colectivo, como en el caso del socialismo, el fascismo y la democracia.

Para los libertarios, la libertad individual (la autopropiedad) no significa el «derecho» al trabajo, la educación, la sanidad, la vivienda o cualquier otro bien, ya que tales «derechos» implican el deber de otros de abonar tales prestaciones. Si una persona se ve obligada a sacrificarse por otros, eso no es libertad, sino esclavitud. La libertad significa que todo el mundo tiene derecho a hacer lo que quiera con su propia vida y propiedad, siempre y cuando no interfiera en la vida y propiedad de otros. En pocas palabras, los libertarios se oponen a la iniciación de la fuerza física.

El propósito primordial del sistema libertario de justicia es proteger al individuo contra toda forma de violencia. Los libertarios se posicionan a favor de todas las libertades que derivan del principio de autogobierno. Por ejemplo, estamos a favor de la libertad de religión, la libertad de expresión, la libertad de eutanasia, la legalización de las drogas, etc. También estamos a favor de la libertad de la gente a asociarse, cooperar y comerciar libremente, es decir, del libre mercado.

Creemos que los individuos y los grupos tienen el derecho a adoptar sus propias reglas sobre el uso de su propiedad. Del mismo modo que todo el mundo tiene derecho a decidir a quién invita a su casa, el propietario de un bar tiene derecho a decidir si está permitido fumar en él y un empleador puede decidir el código de vestimenta de su empresa. Cada uno es libre de no visitar el bar o de no trabajar para esa empresa, si no le gustan sus reglas.

Por esta razón, el libertarismo se encuentra en contra de las leyes antidiscriminatorias. Tales leyes son incompatibles con el principio de la libre asociación. El gobierno decreta: *¡Tú te asociarás! Lo quieras o no.* En contraste, el libertarismo se basa en la libertad de elección, donde todas las relaciones y transacciones deben ser voluntarias.

Discriminación significa: tratar de manera diferente. Por supuesto que es ridículo no quererse asociar con gays, judíos, alemanes o con quien sea, pero el principio de la libertad implica que nadie tiene que justificar sus elecciones, no importa cuán ridículas sean. No se te exige una buena razón para no hacer algo. El libertarismo defiende el derecho de las personas a hacer y no hacer cosas que puedan ser desagradables para otros. Así como la libertad de expresión implica que la gente tiene derecho a expresar una opinión con la cual otros puedan no estar de acuerdo. La única obligación de la gente es la de abstenerse de iniciar la fuerza contra los demás.

Las leyes contra la discriminación son, de hecho, por sí mismas una forma de violencia, ya que obligan a los individuos a asociarse contra su voluntad. ¿Deberíamos obligar a las ancianas a moverse por callejones obscuros frecuentados por jóvenes violentos? ¿Deberíamos forzar a la gente a tener citas con personas que no considera atractivas? Por supuesto que no. Pero entonces, en virtud de qué derecho puede el gobierno obligar a los propietarios de locales nocturnos a aceptar a clientes que no quieren. Como libertarios, creemos que tales formas no solo están mal, sino que además son contraproducentes. Llevan al odio y a los conflictos en lugar de a la tolerancia y la armonía.

El libertarismo no es ni de «izquierda» ni de «derecha», ni progresista ni conservador. Los progresistas se posicionan a favor de la intervención gubernamental en la economía pero están dispuestos (ocasionalmente) a permitir un cierto grado de libertad personal. Los conservadores favorecen la intervención gubernamental en las decisiones personales pero están dispuestos (ocasionalmente) a permitir un cierto grado de libertad económica. Pero ambos tienen en común el considerar que el individuo es un súbdito del Estado, del colectivo. El libertarismo es la única filosofía política que afirma que el colectivo *no* tiene el derecho de mandar sobre el individuo. El libertarismo es la única filosofía política en contra de la *iniciación de la fuerza* como principio, es decir, contra todo uso de la fuerza, excepto en el caso de la legítima defensa. Al fundarse en este principio, el libertarismo también está en contra del colonialismo, del imperialismo y de las intervenciones extranjeras.

El libertarismo no es una filosofía de nuevo cuño; se basa en una tradición muy antigua. Las ideas de los grandes pensadores liberales de los siglos xvii y xviii estaban muy cerca del ideal libertario. Hoy denominamos su filosofía «liberalismo clásico», para distinguirla del actual «liberalismo», que en realidad no es sino una variante de la socialdemocracia y no una filosofía de la libertad. En el siglo xix, el libertarismo fue defendido tanto por un grupo de «anarco-capitalistas» como por un grupo de economistas liberales clásicos, principalmente en Austria. Un centro académico actual de libertarismo en Estados Unidos es el Instituto Mises, nombrado en honor al gran economista de libre mercado, Ludwig von Mises. En 1974, Friedrich Hayek, un estudiante de Mises, recibiría el premio Nobel de Economía. El pensador libertario más famoso del siglo xx fue otro estudiante de Mises, el economista e intelectual en general, Murray Rothbard. Su libro *Por una nueva libertad* probablemente siga siendo la mejor introducción al libertarismo disponible.

Sin embargo, ni Mises ni Rothbard produjeron análisis rigurosos del fenómeno de la democracia. El primer pensador libertario en hacerlo fue el economista alemán Hans-Hermann Hoppe, quien actualmente vive en Turquía. Su libro *La democracia. El dios que falló* (2001) es, de momento, la obra libertaria de referencia en esta área.

En los últimos años, en parte gracias al trabajo de Hoppe, la idea de la democracia ha ido atrayendo más y más atención por parte de los escritores libertarios, pero la mayoría de sus críticas se encuentran únicamente en artículos publicados en revistas o en páginas web como mises.org. Que sepamos, ninguna crítica libertaria completa ha sido jamás publicada. Esperamos haber rellenado ese vacío con este libro.

Para más información sobre este libro, visita nuestro sitio web www.beyonddemocracy.net. En los Países Bajos puede encontrarse más información sobre libertarismo en la página web en holandés de Frank Karsten, www.meervrijheid.nl.

Algunas citas sobre la democracia

«La democracia son dos lobos y un cordero votando sobre lo que habrá de cenar. La libertad es un cordero bien armado oponiéndose al voto».
Benjamín Franklin, estadista, científico, filósofo y uno de los padres fundadores de Estados Unidos

«La democracia nunca dura mucho. Esta pronto se gasta, se agota y se asesina a sí misma. Nunca ha habido una democracia que no cometiera suicidio».
John Adams, segundo presidente de Estados Unidos

«La democracia no es más que la ley de las turbas, donde el 51 % de la gente puede quedarse con los derechos del otro 49 %».
Thomas Jefferson, tercer presidente de Estados Unidos

«Creemos que el socialismo y la democracia son uno e indivisible».
Partido Socialista de Estados Unidos

«Cada elección es como una subasta adelantada de bienes robados».
H. L. Mencken (1880 – 1956), periodista y ensayista estadounidense

«¿Cómo podemos continuar asegurando el progreso si adoptamos más y más el estilo de vida en el que nadie está dispuesto a asumir la responsabilidad de sí mismo y todos buscan seguridad en el colectivismo? Si esta manía continua, caeremos en un sistema social en el que todo el mundo tiene sus manos en los bolsillos de los demás».
Ludwig Erhard, antiguo canciller alemán y arquitecto del milagro económico alemán de postguerra

«La democracia ilimitada es, al igual que la oligarquía, una tiranía extendida sobre un gran número de personas».
Aristóteles

«*El gobierno es la gran ficción a través de la cual todo el mundo intenta vivir a expensas de todos los demás*».
Frédéric Bastiat (1801 - 1850), liberal clásico y economista político francés

«*Cuando la gente se dé cuenta de que puede conseguir dinero a través del voto, estaremos ante el final de la república*».
Benjamín Franklin, estadista, científico, filósofo y uno de los padres fundadores de Estados Unidos

«*Aquellos que piden más intervención gubernamental están pidiendo en último lugar más coacción y menos libertad*».
Ludwig von Mises, economista austriaco y gran defensor del libre mercado

«*Ninguna propiedad, libertad o vida está a salvo mientras la legislatura está en sesión*».
Mark Twain (1835 – 1919), escritor estadounidense

«*La democracia es la voluntad del pueblo. Cada mañana me sorprendo al leer en el periódico lo que quiero*».
Wim Kan, comediante holandés

Sobre el Instituto Mises Hispano

«Cada uno carga una parte de la sociedad en sus hombros, ninguno puede descargar su responsabilidad en otros. Y ninguno puede encontrar una salida individual si la sociedad se desbarranca hacia su destrucción. Por ello, cada uno, en su propio interés, debe lanzarse vigorosamente a la batalla intelectual».

- Ludwig Von Mises

El Instituto Mises Hispano atiende a este llamado, y al de F. Hayek, quien afirma que debemos hacer de la construcción de una sociedad libre una aventura intelectual, un logro de coraje. Según él, lo que nos falta es una utopía libertaria, un programa que no sea simplemente una defensa de las cosas como están ni una forma diluida de socialismo, sino un verdadero radicalismo libertario que no tenga miedo a herir las susceptibilidades de los poderosos, que no se preocupe solamente de lo «práctico», y que no se confine a lo que hoy se ve como políticamente posible. Clama Hayek que necesitamos líderes intelectuales dispuestos a seguir los principios y luchar por un ideal, por muy remota que se vea la posibilidad de su realización, sin ningún «compromiso político práctico».

La absoluta libertad de acción, empresa y comercio son ideales que inspiran nuestro corazón y mueven nuestra imaginación. No nos conformamos con un simple «libre comercio razonable» o una simple «reducción de controles regulatorios». Tampoco nos conformamos con un gobierno limitado. Si el gobierno es mejor cuando gobierna menos, el mejor gobierno es el que no gobierna, ergo, el que no existe. Las medias tintas no nos resultan intelectualmente sostenibles ni emocionalmente inspiradoras. Concordamos con Hayek en que la lección principal que debemos aprender de los socialistas es que fue el coraje de ser utópicos lo que les ganó el apoyo de los intelectuales y por tanto la influencia en la opinión pública. Quienes se preocupan exclusivamente con lo que parece práctico dado el estado de la opinión pública jamás podrán cambiar esa opinión pública. Nuestra intención es hacer de los fundamentos filosóficos y las metodologías prácticas de una sociedad libre un tema intelectual vivo que desafíe nuestra astucia e imaginación.

Ludwig von Mises escribió que las ideas son un bien gratuito, no sujeto a restricciones económicas. Éstas son infinitamente reproducibles. Lo mismo ocurre con la receta para la libertad y la prosperidad. Murray Rothbard creía que con empresarialidad intelectual, distribución universal de ideas, y pensamiento creativo, el futuro podía ser más brillante que el presente. Nosotros lo creemos también.

www.miseshispano.org

www.ingramcontent.com/pod-product-compliance
Lightning Source LLC
Chambersburg PA
CBHW020537290526
45786CB00002B/920